Sif

Korngöttin und Thors Frau
Mutter des Ullr und Erdgöttin

Band 24 der Reihe „Die Götter der Germanen"

Bücher von Harry Eilenstein:

- Astrologie (496 S.)
- Photo-Astrologie (64 S.)
- Tarot (104 S.)
- Handbuch für Zauberlehrlinge (408 S.)
- Physik und Magie (184 S.)
- Der Lebenskraftkörper (230 S.)
- Die Chakren (100 S.)
- Meditation (140 S.)
- Drachenfeuer (124 S.)
- Krafttiere – Tiergöttinnen – Tiertänze (112 S.)
- Schwitzhütten (524 S.)
- Totempfähle (440 S.)
- Muttergöttin und Schamanen (168 S.)
- Göbekli Tepe (472 S.)
- Hathor und Re:
    Band 1: Götter und Mythen im Alten Ägypten (432 S.)
    Band 2: Die altägyptische Religion – Ursprünge, Kult und Magie (396 S.)
- Isis (508 S.)
- Die Entwicklung der indogermanischen Religionen (700 S.)
- Wurzeln und Zweige der indogermanischen Religion (224 S.)
- Der Kessel von Gundestrup (220 S.)
- Cernunnos (690 S.)
- Christus (60 S.)
- Odin (300 S.)
- Die Götter der Germanen (Band 1 – 80)
- Dakini (80 S.)
- Kursus der praktischen Kabbala (150 S.)
- Eltern der Erde (450 S.)
- Blüten des Lebensbaumes:
    Band 1: Die Struktur des kabbalistischen Lebensbaumes (370 S.)
    Band 2: Der kabbalistische Lebensbaum als Forschungshilfsmittel (580 S.)
    Band 3: Der kabbalistische Lebensbaum als spirituelle Landkarte (520 S.)
- Über die Freude (100 S.)
- Das Geheimnis des inneren Friedens (252 S.)
- Von innerer Fülle zu äußerem Gedeihen (52 S.)
- Das Beziehungsmandala (52 S.)
- Die Symbolik der Krankheiten (76 S.)

Kontakt: www.HarryEilenstein.de / Harry.Eilenstein@web.de
Impressum: Copyright: 2011 by Harry Eilenstein – Alle Rechte, insbesondere auch das der Übersetzung, vorbehalten. Kein Teil des Buches darf ohne schriftliche Genehmigung des Autors und des Verlages (nicht als Fotokopie, Mikrofilm, auf elektronischen Datenträgern oder im Internet) reproduziert, übersetzt, gespeichert oder verbreitet werden.
Herstellung und Verlag: Books on Demand GmbH, Norderstedt
ISBN: 9783741267499

Die Themen der einzelnen Bände der Reihe „Die Götter der Germanen"

1. Die Entwicklung der germanischen Religion
2. Lexikon der germanischen Religion
3. Der ursprüngliche Göttervater Tyr
4. Tyr in der Unterwelt: der Schmied Wieland
5. Tyr in der Unterwelt: der Riesenkönig   Teil 1
6. Tyr in der Unterwelt: der Riesenkönig   Teil 2
7. Tyr in der Unterwelt: der Zwergenkönig
8. Der Himmelswächter Heimdall
9. Der Sommergott Baldur
10. Der Meeresgott: Ägir, Hler und Njörd
11. Der Eibengott Ullr
12. Die Zwillingsgötter Alcis
13. Der neue Göttervater Odin   Teil 1
14. Der neue Göttervater Odin   Teil 2
15. Der Fruchtbarkeitsgott Freyr
16. Der Chaos-Gott Loki
17. Der Donnergott Thor
18. Der Priestergott Hönir
19. Die Göttersöhne
20. Die unbekannteren Götter
21. Die Göttermutter Frigg
22. Die Liebesgöttin: Freya und Menglöd
23. Die Erdgöttinnen
24. Die Korngöttin Sif
25. Die Apfel-Göttin Idun
26. Die Hügelgrab-Jenseitsgöttin Hel
27. Die Meeres-Jenseitsgöttin Ran
28. Die unbekannteren Jenseitsgöttinnen
29. Die unbekannteren Göttinnen
30. Die Nornen
31. Die Walküren
32. Die Zwerge
33. Der Urriese Ymir
34. Die Riesen
35. Die Riesinnen
36. Mythologische Wesen
37. Mythologische Priester und Priesterinnen
38. Sigurd/Siegfried
39. Helden und Göttersöhne
40. Die Symbolik der Vögel und Insekten
41. Die Symbolik der Schlangen, Drachen und Ungeheuer
42. Die Symbolik der Herdentiere
43. Die Symbolik der Raubtiere
44. Die Symbolik der Wassertiere und sonstigen Tiere
45. Die Symbolik der Pflanzen
46. Die Symbolik der Farben
47. Die Symbolik der Zahlen
48. Die Symbolik von Sonne, Mond und Sternen
49. Das Jenseits
50. Seelenvogel, Utiseta und Einweihung
51. Wiederzeugung und Wiedergeburt
52. Elemente der Kosmologie
53. Der Weltenbaum
54. Die Symbolik der Himmelsrichtungen und der Jahreszeiten
55. Mythologische Motive
56. Der Tempel
57. Die Einrichtung des Tempels
58. Priesterin – Seherin – Zauberin – Hexe
59. Priester – Seher – Zauberer
60. Rituelle Kleidung und Schmuck
61. Skalden und Skaldinnen
62 Kriegerinnen und Ekstase-Krieger
63. Die Symbolik der Körperteile
64. Magie und Ritual
65. Gestaltwandlungen
66. Magische Waffen
67. Magische Werkzeuge und Gegenstände
68. Zaubersprüche
69. Göttermet
70. Zaubertränke
71. Träume, Omen und Orakel
72. Runen
73. Sozial-religiöse Rituale
74. Weisheiten und Sprichworte
75. Kenningar
76. Rätsel
77. Die vollständige Edda des Snorri Sturluson
78. Frühe Skaldenlieder
79. Mythologische Sagas
80. Hymnen an die germanischen Götter

Inhaltsverzeichnis

I	Der Name „Sif"	6
II	**Die germanische Sif-Überlieferung**	7

1.	Skaldskaparmal (1)	7
2.	Hymir-Lied (1)	9
3.	Thrym-Lied	9
4.	Edda-Prolog	9
5.	Skaldskaparmal (2)	10
6.	Skaldskaparmal (3)	11
7.	Fiölswin-Lied	17
8.	Skaldskaparmal (4)	36
9.	Skaldskaparmal (5)	37
10.	Skaldskaparmal (6)	37
11.	Die Saga über Bosi und Herraud	39
12.	Erd-Heilungszauber aus dem Buch „Lacnunga"	40
13.	Gylfis Vision (1)	37
14.	Harbard-Lied	42
15.	Lokasenna	44
16.	Hymir-Lied (2)	48
17.	Gesta danorum	49
18.	Beowulf-Epos	49
19.	Exeter-Buch: Widsith	50
20.	Die Saga über Hervor und König Heidrek den Weisen	51
21.	Skaldskaparmal (7)	51
22.	Eysteinn Voldason	52
23.	Alwis-Lied	53
24.	Thorsdrapa	57
25.	Gylfis Vision (2)	57
26.	Grimnir-Lied	58
27.	Kenningar	59
28.	Die Saga über Yngvar den Fern-Reisenden	60
29.	schwedische Folklore	61
30.	Goldenes Frauenhaarmoos	62

	31. Die Namen „Sif" und „Freya"		63
	32. Jakob Grimm: Deutsche Mythologie		63
	33. Die wilden Frauen im Wunderberge		64
	34. Die Roggenmuhme		65
	35. Zusammenfassung		66

III	**Entsprechungen zu der Göttin Sif bei den Indogermanen**	**69**
IV	**Biographie der Göttin Sif**	**75**
V	**Das Aussehen der Göttin Sif**	**82**
VI	**Zugang zu der Göttin Sif**	**84**
VII	**Hymnen an Sif**	**85**

	1. Getreidegöttin	85
	2. Sifs Geliebte	86
	3. Beschützerin-Zauberspruch	88
	4. Ernte-Zauberspruch	89
	5. Bitte um Hilfe an Sif	90

VIII	**Traumreise zu der Göttin Sif**	**91**
IX	**Sif heute**	**92**

Themen-Verzeichnis   94

I Der Name „Sif"

Der Name der Göttin Sif bedeutet „(angeheiratete) Verwandte". Im Altenglischen lautete dieses Wort „Sib", im Gotischen „Sibbia", im althochdeutschen „Sibba" und im Hochdeutschen „Sippe". Im ursprünglichen Germanischen kann „Sibja" aber auch allgemein die Blutsverwandten bezeichnen.

Im Altnordischen erscheint das Wort „Sib" normalerweise nur im Plural als „sifjar". Der Singular dieses Wortes, also „Sif" wurde nur zur Bezeichnung der Göttin verwendet.

„Byggja sifjar" bedeutete im Altnordischen „heiraten". Das germanische Wort „bugjan" hatte die Bedeutungen „winden, tauschen, verleihen, kaufen, verpachten, beschaffen, heiraten". „Byggja sifjar" wäre wörtlich übersetzt in etwa „eine Verwandte erhalten". Die Verwendung von „sifjar" in diesem Zusammenhang ließ dann aus der ursprünglichen Bedeutung „Blutsverwandte" mit der Zeit „angeheiratete Verwandte" werden.

Der Name der Göttin „Sif" bedeutete zur Zeit der Niederschrift der germanischen Mythen demnach „angeheiratete Verwandte", d.h. im engeren Sinne „Ehefrau". Sif ist zu dieser Zeit somit als die Frau eines Gottes aufgefaßt worden.

Die ursprüngliche Bedeutung von „Sif", also „Blutsverwandte", könnte durchaus eine ehrerbietige Umschreibung für die wichtigste Blutsverwandte, also für die Mutter gewesen sein. Es wäre also gut denkbar, daß Sif vor allem eine Muttergöttin gewesen ist.

Der Charakters der Sif läßt sich mithilfe ihrer Mythen genauer beschreiben.

II Die germanische Sif-Überlieferung

Die Göttin Sif erscheint in der germanischen Überlieferung nur an wenigen Stellen. Sie hat jedoch in ihren Mythen einige markante Merkmale, sodaß sie deutlich mehr als nur „die schöne Frau des Thor" gewesen zu sein scheint.

Die Hauptquelle der Kenntnisse über die Göttin Sif ist die Edda, die aus einer anonymen Zusammenstellung von alten Liedern sowie den Prosa-Texten des isländischen Skalden (Dichter) Snorri Sturluson ist. Diese Sammlung stammt aus dem Jahr 1220, aber sie enthält deutlich ältere Vorstellungen, wie sich u.a. daran zeigt, daß einige Motive aus der Edda auch auf den Runensteinen abgebildet sind, die bis zu 800 Jahre älter als die Edda selber sind.

II 1. Skaldskaparmal (1)

In der Skaldskarpamal, dem in der Edda enthaltenen Skalden-Lehrbuch, werden einige Umschreibungen für die Göttin Sif angeführt:

Wie soll man Sif umschreiben? Indem man sie Frau des Thor, Mutter des Ullr, Göttin mit dem schönen Haar, Mit-Frau der Jarnsaxa und Mutter der Thrudr nennt.

Zunächst einmal findet sich hier ein Teil der Familie der Sif dargestellt: Sie ist die Frau des Donnergottes Thor und sie hat zwei Kinder: den Gott Ullr („Großer, Ruhm") und die Göttin Thrudr („Stärke"). Daneben wird auch ihr schönes Haar betont, das daher eine besondere Bedeutung haben sollte.

Die Bezeichnung der Sif als „Mit-Frau" der Jarnsaxa stellt sie als eine Göttin dar, die zusammen mit Jarnsaxa einen Mann teilt. Jarnsaxa ist eine Riesin, mit der zusammen Thor die Kinder Magni („Stärke") und Modi („Wut") hat. Schon Snorri Sturluson, der Verfasser der Edda, vermutete, daß Sif und Jarnsaxa dieselbe Göttin seien.

Der Name „Jarnsaxa" bedeutet „Eisenmesser". Sie erscheint auch als eine der neun Töchter der Göttin Ran, die gemeinsam den Gott Heimdall geboren haben.

In der Edda wird häufig nicht genau zwischen Riesen und Asen unterschieden – die Götter stammen von den Riesen ab und vereinen sich auch oft mit den Riesinnen.

Die Riesinnen scheinen im Großen und Ganzen die Muttergöttin im Jenseits zu sein, die Asen und Menschen ihre Wiedergeburt in der Unterwelt gibt. Am deutlichsten wird dies bei Odin, der als Schlange in die Unterwelt reist, sich dort mit der Riesin Gunnlöd vereint, ihren Göttermet trinkt und dann als Adler nach Asgard zurückkehrt. Diese Odin-Mythe enthält die wichtigsten Motive der Jenseitsreise:

Symbolik der Jenseitsreise	
Symbol	*Bedeutung*
Odin	Urbild des Jenseitsreisenden
(Odin als) Schlange	Jenseitsweg, Jenseitsreisender
Vereinigung mit Gunnlöd	Wiederzeugung (vor der Wiedergeburt)
Met	Wiederstillen (Met des ewigen Lebens)
(Odin als) Adler	(Wiedergeburt als) Seelenvogel

Die Vorstellungen über die Ankunft der Toten im Jenseits sind bei fast allen Völkern eine Analogie zu der Ankunft der Menschen im Diesseits und bestehen aus der (Wieder-)Zeugung, der (Wieder-)Geburt und dem (Wieder-)Stillen. Der wichtigste Teil dieser Symbolik ist die Wiedergeburt, die durch die beiden anderen Motive ergänzt wird.

Da Jarnsaxa die Tochter der Göttin Ran ist und zudem eine der neun Mütter des Gottes Heimdall, kann sie recht sicher auch als Göttin aufgefaßt werden. Die „neun Töchter" als Mutter des Heimdall sind vermutlich eine Umschreibung für „Jenseits-Muttergöttin", da die „9" bei den Germanen ein Symbol des Jenseits gewesen ist. Da Ran eine Göttin der Wasserunterwelt ist, wird man die „neun Töchter" vermutlich als Beinamen der Ran auffassen können.

Sif-Jarnsaxa wird daher ursprünglich wohl auch nicht die Tochter der Ran gewesen sein. Es wird wohl eher eine große Charakterähnlichkeit von Sif, Jarnsaxa und Ran gegeben haben, die zu einer teilweisen Gleichsetzung dieser Göttinnen/Riesinnen bzw. zu ihrer Auffassung als Verwandte geführt hat. Diese Verwandtschaft zwischen Sif, Jarnsaxa und Ran liegt wahrscheinlich in deren Jenseitsbezug begründet.

Die Verbindung der Sif mit der Unterwelt ergibt zumindestens einen ersten Verdacht, daß sie nicht nur eine Muttergöttin, sondern auch eine Erdgöttin sein könnte. Zu einem solchen Charakter würde auch ihr Name „Sif" mit der vermuteten ursprünglichen Bedeutung von „verehrte Mutter" gut passen.

II 2. Hymir-Lied (1)

Im Hymir-Lied wird Thor dreimal als „*Sifs Gatte*" umschrieben. Die Auffassung von Thor und Sif als Paar scheint zu Snorris Zeit demnach sehr ausgeprägt gewesen zu sein.

II 3. Thrym-Lied

Auch im Thrym-Lied wird Thor „*Sifs Gatte*" genannt.

II 4. Edda-Prolog

Im Vorwort des Snorri Sturluson zur Edda beschreibt er die germanischen Götter als Könige der Vorzeit. Dieselbe Ansicht über die germanischen Götter findet sich auch in der „Gesta danorum" („Geschichte der Dänen") des Saxo grammaticus („Saxo der Schriftkundige").

Im nördlichen Teil der Welt traf und heiratete Thor eine Prophetin, die Sibyl genannt wurde, während wir sie Sif nennen. Ich kenne Sifs Vorfahren nicht, aber sie war die schönste aller Frauen mit Haaren wie Gold. Lorodi, der wie sein Vater wurde, war der Sohn von Thor und Sif.

Hier wird eine neue Eigenschaft der Sif beschrieben: Sie ist eine Seherin. Da die Seherinnen ihre Kenntnisse von den Ahnen und den Göttern im Jenseits erhielten, paßt diese Fähigkeit der Sif zu ihrer bisherigen Beschreibung. Sif erhält als Seherin auch eine Ähnlichkeit mit den Nornen, die die Schicksalsgöttinnen in der Unterwelt gewesen sind. Diese Aussage bestätigt ihren vermuteten Jenseitsbezug.

Ihre „schönen Haare" werden hier als „goldene Haare" konkretisiert. Sie erscheint auch insgesamt als schöne Göttin. Ihre Haare scheinen wichtig zu sein.

Möglicherweise ist Snorris mangelnde Kenntnis der Vorfahren der Sif kein Zufall, denn die Muttergöttinnen im Jenseits sind oft „Erste Wesen" und haben daher keinen Stammbaum. Aber das ist nur ein vager Anfangsverdacht. Diese Aussage des Snorri Sturluson bestätigt aber, daß man Ran nicht als als Mutter der Sif-Jarnsaxa auffassen kann.

II 5. Skaldskaparmal (2)

Die Schönheit der Sif wird indirekt auch im Hrungnir-Lied betont. In dieser Mythe wird beschrieben, daß der Riese Hrungnir alle Asen und Asinnen außer Freya und Sif töten wollte. Diese beiden Asinnen will er hingegen entführen. Dies läßt vermuten, daß Freya und Sif möglicherweise dieselben Göttinnen waren oder sich zumindest von ihrem Charakter her sehr ähnelten.

Freya ist eine Göttin der Schönheit und der Liebe, aber auch eine Göttin der Toten. Diese Kombination ist durch das Motiv der Wiederzeugung entstanden, durch das die Wiedergeburt im Jenseits ergänzt wurde. Durch diese Wiederzeugung war die Muttergöttin, die die Toten wiedergebar, vorher bei der Wiederzeugung auch die Geliebte der Toten. Aus der Kombination der Motive „Tod" und „Geliebte" zusammen mit der Vorstellung, daß das Jenseits eine Wasserunterwelt ist, haben sich die „verführerischen und gefährlichen Frauen am Wasser" wie die Nixen oder die Loreley gebildet.

In den Mythen der Freya wurden die Motive „Tod" und „Geliebte" kombiniert, während die Vorstellungen über die Meeresgöttin Ran von den beiden Motiven „Tod" und „Wasserunterwelt" geprägt sind.

Falls auch Sif eine solche „Jenseits-Liebes-Göttin" gewesen sein sollte, würde dies ihren Jenseitsbezug und die Betonung ihrer Schönheit erklären.

Das Hrungnir-Lied beginnt mit der folgenden Szene:

Thor war nach Osten gezogen, Unholde zu töten.

Odin ritt auf Sleipnir gen Jötunheim und kam zu dem Riesen, der Hrungnir hieß. Da frug Hrungnir, welchen Mann er da sehe mit dem Goldhelm, der Luft und Wasser reite? Er sagte auch, er reite ein sehr gutes Roß.

Da sagte Odin, er wolle sein Haupt verwetten, daß kein so gutes Roß in Jötunheim sei. Hrungnir sagte, jenes Roß möge gut sein; aber sein eigenes Roß, das Gullfaxi heiße, mache viel weitere Sprünge.

Hrungnir wurde zornig, sprang auf sein Roß und setzte Odin nach und gedachte, ihm seine Prahlerei zu lohnen. Odin ritt so schnell, daß er eine gute Strecke voraus war; aber Hrungnir war in so großem Jotenzorn, daß er nicht merkte, daß er schon innerhalb der Asenmauer war. Als er nun an das Tor der Halle kam, luden ihn die Asen zum Trinkgelage.

Er trat in die Halle und begehrte einen Trunk. Sie nahmen die beiden Schalen, aus welchen Thor zu trinken pflegte, und Hrungnir leerte sie beide. Und als er trunken wurde, ließ er das Großsprechen nicht; er sagte, er wolle Walhall nehmen und nach Jötunheim bringen, Asgard versenken und alle Götter töten außer Freyja und Sif, die wolle er mit sich heimführen.

„Thor" bedeutet „Donner". Er ist der Donnergott – der stärkste der Asen.

„Odin" bedeutet „Wut, Ekstase". Er ist der Schamanengott, der Kriegsherr und der Göttervater.

„Sleipnir" ist Odins achtbeiniges Pferd. Dieses Doppelpferd ist eine Zusammenfügung der beiden Pferde vor dem Wagen des indogermanischen Göttervaters Dhyaus, der bei den Germanen „Tyr" heißt. Diese Pferdezwillinge sind am besten unter dem griechischen Namen „Dioskuren" bekannt. Der Name „Sleipnir" von Odins „Doppelpferd" bedeutet „Dahingleitender". Sleipnir kann auch durch Luft und Wasser reiten. Dieses Motiv ist eine häufige Weiterentwicklung der Fähigkeit eines Tieres, eines Schiffes (Freyrs Skidbladnir), eines Schuhpaares (Lokis Schuhe) o.ä., die alle ursprünglich einmal Hilfsmittel gewesen sind, um in das Jenseits zu reisen.

„Jötunheim" ist der Wohnort („Heim") der Riesen („Jötun"). „Jötun" ist eine Bezeichnung für die Riesen und bedeutet „Gefräßiger".

„Hrungnir" bedeutet „Lärmer". Er ist einer der vielen Riesen, als der der ehemalige Sonnengott-Göttervater Tyr im Jenseits erscheint.

„Gullfaxi" bedeutet „Goldmähne". Der Name erinnert sehr an Freyrs Eber „Gullinborsti" („Goldborste"). Da dieser Eber auch durch Luft und über Wasser laufen kann und strahlend golden leuchtet, könnte er ein Symbol für die Sonne (Tyr-Hrungnir) sein.

„Walhalla" bedeutet „Totenhalle". Dorthin lädt Odin die im Kampf gefallenen Germanen ein.

„Asgard" bedeutet „hoher Ort" und ist die Wohnstätte der Asen – sozusagen der germanische Olymp.

II 6. Skaldskaparmal (3)

Sifs goldene Haare sind mit einer Mythe verbunden, die ihre goldenen Haare anderen wichtigen Dingen, die die Asen besitzen, gleichsetzt. Dies bestätigt die Annahme, daß Sifs Haare nicht nur einfach Haare sind, sondern darüber hinaus eine wichtige mythologische Symbolik haben.

Loki, Laufeyjas Sohn, hatte der Sif in hinterlistiger Weise alles Haar abgeschoren. Als Thor das gewahrte, ergriff er Loki und würde ihm alle Knochen zerschlagen haben, wenn er nicht geschworen hätte, von den Schwarzelfen zu erlangen, daß sie der Sif Haare von Gold machten, die wie anderes Haar wachsen sollten.

Darauf fuhr Loki zu den Zwergen, die Iwaldis Söhne heißen. Diese machten das Haar und zugleich Skidbladnir und den Spieß Odins, der Gungnir heißt.

Da verwettete Loki sein Haupt mit dem Zwerge, der Brock heißt, daß dessen Bruder

Sindri nicht drei ebenso gute Kleinode machen könnte, wie diese wären.

Und als sie zu der Schmiede kamen, legte Sindri eine Schweinshaut in die Esse und gebot dem Brock zu blasen und nicht eher aufzuhören, bis er aus der Esse nähme, was er hineingelegt. Aber sobald Sindri aus der Schmiede gegangen war und Brock blies, setzte sich eine Fliege auf seine Hand und stach ihn. Dennoch hörte er nicht auf mit Blasen bis der Schmied das Werk aus der Esse nahm. Da war es ein Eber mit goldenen Borsten.

Darauf legte er Gold ins Feuer und gebot ihm, zu blasen und nicht eher mit Blasen abzulassen, bis er zurückkäme. Er ging hinaus; aber die Fliege kam wieder, setzte sich jenem auf den Hals und stach nun noch einmal so stark; doch fuhr er fort zu blasen bis der Schmied aus der Esse einen Goldring zog, der Draupnir heißt.

Darauf legte er Eisen in die Esse und hieß ihn blasen und sagte, alles sei vergebens, wenn er mit Blasen innehielte. Da setzte sich ihm eine Fliege zwischen die Augen und stach ihm in die Augenlider, und als das Blut ihm in die Augen troff, daß er nichts mehr sah, griff er schnell mit der Hand zu, während der Blasebalg ruhte, und jagte die Fliege fort. Da kam der Schmied zurück und sagte, beinahe wäre das nun völlig verdorben, was in der Esse läge. Darauf zog er einen Hammer aus der Esse.

Alle diese Kleinode legte er darauf seinem Bruder Brock in die Hände und hieß ihn damit gen Asgard fahren, die Wette zu lösen.

Als nun er und Loki ihre Kleinode brachten, setzten sich die Götter auf ihre Richterstühle, und es sollte das Urteil gelten, das Odin, Thor und Freyr sprächen.

Da gab Loki dem Odin den Spieß Gungnir, dem Thor das Haar für die Sif und dem Freyr den Skidbladnir und nannte die Eigenschaften dieser Kleinode, daß der Spieß nie sein Ziel verfehle, das Haar wachse, sobald es auf Sifs Haupt komme, und Skidbladnir immer Fahrwind habe, sobald die Segel aufgezogen würden, wohin man auch fahren wollte; und zugleich könne man das Schiff nach Belieben zusammenfalten wie ein Tuch und in der Tasche tragen.

Darauf brachte Brock seine Kleinode hervor und gab dem Odin den Ring und sagte, in jeder neunten Nacht würden acht ebenso kostbare Ringe von ihm niederträufeln. Dem Freyr gab er den Eber und sagte, er renne durch Luft und Wasser Tag und Nacht, schneller als irgendein Pferd, und nie wäre es so finster in der Nacht oder im Dunkelwald, daß es nicht hell genug würde, wohin er auch führe, so leuchteten seine Borsten. Dem Thor gab er den Hammer und sagte, er möge so stark damit schlagen, als er wolle, was ihm auch vorkäme, ohne daß der Hammer Schaden nähme; und wohin er ihn auch werfe, so solle er ihn doch nicht verlieren, und nie solle er so weit fliegen, daß er nicht in seine Hand zurückkehre, und wenn es ihm beliebe, solle er so klein werden, daß er ihn im Busen verbergen könne. Er habe nur den Fehler, daß sein Stiel zu kurz geraten sei.

Da urteilten die Götter, der Hammer sei das Beste von allen Kleinoden und die bes-

te Wehr wider die Hrimthursen, und sie entschieden die Wette dahin, daß der Zwerg gewonnen habe.

Da erbot sich Loki, sein Haupt zu lösen; aber der Zwerg antwortete, darauf dürfe er nicht hoffen. So nimm mich denn, sagte Loki; aber als jener ihn fassen wollte, war er schon weit fort, denn Loki hatte Schuhe, die ihn durch Luft und Wasser trugen. Da bat der Zwerg den Thor, ihn zu ergreifen, und dieser tat es. Da wollte der Zwerg Lokis Haupt abhauen, aber Loki sagte, nur das Haupt sei sein, nicht der Hals. Da nahm der Zwerg einen Riemen und ein Messer und wollte Löcher in Lokis Lippen schneiden und ihm den Mund zusammennähen; aber das Messer schnitt nicht. Da sagte er, besser wäre es, wenn er seines Bruders Ahle hätte, und in dem Augenblick, als er sie nannte, war sie bei ihm und durchbohrte jenem die Lippen. Da nähte er ihm den Mund zusammen und riß den Riemen am Ende der Naht ab. Der Riemen, womit er dem Loki den Mund zusammennähte, hieß Wartari.

Der Name „*Loki*" bedeutet „Lohe", also „Flamme". Er ist der Verursacher von Chaos, aber auch der listige Helfer. Aufgrund seiner Verbindung zum Feuer sowie als Vater der Hel, des Fenris-Wolfes und der Midgardschlange ist er eng mit der Unterwelt assoziiert.

„*Laufeyja*" bedeutet „Laubinsel". Sie ist eine Riesin, die auf einer Insel wohnt. Vermutlich ist diese Insel ein Symbol des Jenseits. Auf solch einer Jenseitsinsel wurde auch der Fenriswolf gefangengehalten. Auch im Wieland-Lied werden zwei solche Inseln beschrieben. Die bekannteste aller Jenseitsinseln ist zweifellos „Atlantis". Lokis Mutter wird wohl identisch mit der Unterweltsgöttin Hel sein, die auch als seine Tochter aufgefaßt wurde.

„*Schwarzelfen*" sind weitgehend dasselbe wie „Zwerge". Das germanische „Dwergaz" bedeutet wörtlich „Totengeister". „Elfe" oder „Alb" stammt von dem indogermanischen Adjektiv „albh" ab, das „weiß" glänzen, leuchten" bedeutet (lateinisch: albus). Der Name „Alb" für die Totengeister stammt offenbar von der hellsichtigen Wahrnehmung solcher Geister, bei der sie als milchigweiß leuchtende Schemen mit einem leichten Blaustich erscheinen. Von dieser Form der Wahrnehmung leitet sich u.a. die bekannte Vorstellung der „Bettlaken-Gespenster" ab.

„*Iwaldi*" bedeutet „Allmächtiger", „All-Herrscher" oder „All-König". Das germanische „walda" für „Macht" findet sich z.B. im deutschen „Gewalt" und in dem Personennamen „Walter". „Iwaldi" scheint somit den Zwergenkönig, also den König der Toten zu bezeichnen. Ein solcher Name wie „Iwaldi" („All-Herrscher") steht nur dem Göttervater Tyr/Odin selber zu. Iwaldis Söhne waren die beiden kunstfertigen Zwerge Brock und Sindri. Sie waren ursprünglich die beiden Pferde-Zwillinge (Alcis), die den Streitwagen des Göttervaters Tyr zogen. Während ihres Aufenthaltes in der Unterwelt zusammen mit Tyr waren auch diese Zwillinge Totengeister, also Zwerge. Daher wird „Iwaldi" einst ein Beiname des Göttervaters Tyr gewesen sein, während

„Brock" und „Sindri" seine beiden Pferde-Söhne waren. Aus ihnen wurde dann später Odins „Doppelpferd" Sleipnir.

„*Brock*" bedeutet „Grobschmied". „*Sindri*" bedeutet „Funke".

„*Skidbladnir*" ist das magische Schiff des Freyr. Sein Name bedeutet „aus dünnen Holzstücken zusammengesetzt", was sich möglicherweise auf eine altertümliche Schiffsbauweise bezieht.

„*Gungnir*" bedeutet „Schwankender". Odins Speer scheint demnach recht elastisch gewesen zu sein.

Der Name „*Draupnir*" ist mit dem deutschen „Tropfen" verwand und bedeutet „Tröpfler", weil von ihm jede neunte Nacht acht gleiche Ringe „abtropfen".

„*Hrimthursen*" bedeutet „Reifriesen". Dieser Stamm der Riesen wohnt offenbar im hohen Norden und wird evtl. als Verursacher der Kälte aufgefaßt. Das Polargebiet wurde von den Germanen als jenseitsnah angesehen, da der Weltenbaum, der die Verbindung zwischen den Diesseits und Jenseits war, am Nordpol stand.

„*Wartari*" bedeutet „Lippenreißer".

In dieser Mythe ist es Loki, der der Göttin Sif die Haare raubt, und es sind die Zwerge, die ihr neue Haare erschaffen. Da sowohl Loki (als Vater des Fenriswolfes, der Midgartschlange und der Hel) als auch die Zwerge („Dwergas" bedeutet „Totengeist") Wesen der Unterwelt sind, scheinen Sifs goldene Haare vorübergehend in der Unterwelt zu sein, aber dann von dort zurückzukommen. Eine solche Symbolik würde am besten zu dem Getreide passen, das, wenn es reif ist, golden aussieht und das den Winter über sozusagen „tot" ist, da es nicht auf dem Feld steht und wächst. Das Getreide befindet sich somit im Sommer im Diesseits und im Winter im Jenseits – wie der ehemalige Sonnengott-Göttervater Tyr.

Diese Vegetationssymbolik steht in der Edda keineswegs alleine da. Sie findet sich auch im Fjölswin-Lied. Dort versucht Svipdag (Tyr) in die Burg (Jenseitshalle) der Menglöd (Freya) zu kommen, was ihm auch gelingt, nachdem er dem Fjölsvidr (Odin als Seelenführer/Jenseitswächter) eine Reihe von Fragen richtig beantwortet hat. „Svipdag" bedeutet „Schneller Tag", d.h. „Tagesanbruch", womit die aufgehende Sonne gemeint sein wird. „Menglöd" wird heute „Mangold" ausgesprochen und bezeichnet ein winterhartes Blattgemüse, das auch schon von den Germanen angebaut wurde. Wörtlich übersetzt hat „Menglöd" die Bedeutung „Halsband-Frohe", womit der goldene Halsreif Brisingamen der Freya gemeint ist, der die Sonne und daher auch die Wiedergeburt symbolisiert.

Es ist auffällig, daß sowohl Sif als auch Menglöd mit dem Gold verbunden sind: Sif durch ihr goldenes Haar und Freya-Menglöd durch ihren Halsreif Brisingamen. Möglicherweise sind auch Freya und Sif letztlich identisch.

Aus der Sif-Mythe ist dann später das Märchen „Goldmarie und Pechmarie" geworden: Goldmarie, die Sifs goldene Haare trägt, reist durch einen Brunnen in die Unterwelt und gelangt so in den Himmel zu Frau Holle, wo sie es durch ihr Bettzeug-Schütteln schneien läßt. Ihr Weg zu Frau Holle führt an einem Ofen und an einem Apfelbaum vorbei. Der Brunnen entspricht der Quelle Hvergelmir am Fuß der germanischen Weltesche, der Ofen ist eine Variante des Feuers als Jenseitstor (Feuerbestattung) und der Apfelbaum ist der Baum der Idun, an dem die Äpfel der Unsterblichkeit wachsen. Wenn es schneit (Betten ausschütteln), also im Winter, ist Goldmarie (Sif) in der Unterwelt – das Getreide ist „tot" und ruht im Jenseits unter der Erde.

Der Name der Menglöd hat sich in leicht umgedeuteter Form in dem Märchen „Rapunzel" erhalten – „Rapunzel" ist der alte Name des Feldsalats. Rapunzel befindet sich in einem Turm bei einer weisen Zauberin (Hel), die sie ihre Geheimnisse lehrt. Auch Rapunzel hat langes, goldenes Haar. Sie wird schließlich von einem Königssohn befreit. Man darf mit einiger Berechtigung vermuten, daß es Winter war, solange Rapunzel in dem Turm gefangen war und daß der Prinz die Frühlingssonne (Svipdag) darstellt, die die Keime des Getreides aus dem Boden hervorlockt – so wie er Rapunzel aus ihrem Turm herausgelockt hat.

Das Motiv der Gefangenschaft in einem Turm ist auch aus dem Märchen „Dornröschen" gut bekannt. In diesem Märchen ist Dornröschen wie Menglöd im Fjölswin-Lied aus der Edda hinter einer Dornenhecke gefangen. Dornröschens Erwachen wird mit dem Erblühen dieser Rosenhecke gleichgesetzt, was man wohl als Frühlingssymbolik ansehen kann. Auch hier erscheint ein Prinz (Tyr-Svipdag = Sonne), der Dornröschen aus ihrem Schlaf erweckt.

Die alte, meist böse Frau, die junge (gute) Frau und der Prinz sind die Hauptpersonen in sehr vielen der Grimm'schen Märchen. Man kann die alte Frau vermutlich als die Göttin in der Unterwelt in ihrem Todesaspekt (Hel) ansehen, die junge Frau als dieselbe Göttin in ihrem Wiederzeugungsaspekt, in dem sie auch die Geliebte ist (Freya/Sif), und den Prinzen schließlich vor allem als die Sonne im Frühling, aber auch als die wiedergeborenen Seelen und das wiedergeborene Gemüse und Getreide auffassen.

Im Märchen „Schneewittchen" ist die junge Frau zu den Zwergen, also in die Unterwelt geflohen. Ihr Liegen im Sarg wird wohl den Winter darstellen – Sif bzw. ihr Haar ruht im Winter in der Unterwelt bei den Zwergen. Der Apfel der Idun ist in diesem Märchen von einer Hilfe auf dem Weg ins Jenseits bzw. von einer Hilfe im Jenseits zu der Ursache des Todes umgedeutet worden – eine in den Mythen sehr häufige Entwicklung. Die Wintersymbolik bei den Äpfeln findet sich in den Mythen als der Raub der Idun-Äpfel durch den Tyr-Riesen Thiazi.

In der Edda finden sich zwar nicht allzu viele Hinweise auf diese Vegetationssymbolik, aber sie scheint doch weit verbreitet gewesen zu sein, da sie sich so gut in den Märchen erhalten hat. Vermutlich war Sif-Menglöd und ihre Fruchtbarkeitssymbolik mehr eine Göttin, an die sich die einfachen Bauern mit ihren Bitten wandten, als eine Göttin, die in den vornehmen Hallen der Fürsten von den Skalden besungen wurde …

Möglicherweise gab es noch ein älteres mythologisches Motiv, das mit der Göttin Sif verbunden gewesen ist.

Der Göttervater Tyr ist offenbar der Vater der beiden Pferde-Zwillinge, die von den Germanen auch „Alcis" genannt wurden. In der Unterwelt ist Tyr der König der Toten, d.h. der Zwergenkönig, während seine beiden Söhne zu zwei Zwergen werden.

Aufgrund des Motives des Neuschmiedens des Schwertes des Tyr in der Unterwelt, das bei seinem Tod zerbrochen ist, ergab sich die Rolle der beiden Pferdezwillinge als Schmiede (Brock und Sindri) und manchmal auch die des Tyr bzw. später des Odin als Schmied (Wieland, Odin als Schmied in der Gesta danorum).

Diese beiden Schmiede-Zwillinge finden sich auch mehrfach in den Isländer-Sagas und sie treten auch in der Wieland-Sage als Königssöhne auf.

Die älteste Vorstellung über die Reise des Sonnengottes-Göttervaters durch die Unterwelt ist die Wiederzeugung und die Wiedergeburt gewesen. Da der Gott Ullr, der Sohn der Sif, ursprünglich der wiedergeborene Tyr gewesen zu sein scheint, wird sich mit recht großer Wahrscheinlichkeit in einer früheren Phase der germanischen Mythologie die Göttin Sif mit dem Göttervater Tyr in der Unterwelt vereint und ihn dann als „Ullr" wiedergeboren haben. Von dieser Mythe ist dann in der Zeit des Snorri Sturluson nur noch das Motiv der Sif als Mutter des Ullr übriggeblieben.

	germanische Vegetationssymbolik				
Mythe/ Märchen	*junge Frau*	*alte Frau*	*Prinz*	*Jenseitsweg*	*Pflanze*
Skaldskaparmal	Sif mit Haaren	Sif ohne Haare	(Thor)	Loki raubt Haare	goldenes Haar = Getreide
Fjölsvin-Lied	Menglöd	-	Svipdag	Burg, Hecke	Mangold, Getreide
Rapunzel	Rapunzel	Zauberin	Prinz	Mauer, Turm	Rapunzel (Feldsalat)
Goldmarie	Goldmarie	Frau Holle	-	Brunnen, Ofen, Apfelbaum	(Jahreszeit: es schneit)
Dornröschen	Dornröschen	13. weise Frau	Prinz	Rosenhecke	Rosen blühen
Schneewittchen	Schneewittchen	Stiefmutter	Prinz	Wald, Zwergenhaus, Apfel, Sarg	(schneeweiß = Winter)
Schneeweißchen und Rosenrot	Schneeweißchen	Großmutter	Prinz (Bär)	Zwerg	(Name: Rosen blühen)

II 7. Fjölswin-Lied

Die einzige Quelle über die Göttin Menglöd ist das Fiölswin-Lied aus der Edda. In ihm wird geschildert, wie der junge Svipdag zu dem gut bewachten Haus der Menglöd kommt und dort von mit dem Wächter spricht, um eingelassen zu werden.

In diesem Lied sind mehrere Hinweise zu finden, die noch weitere Aspekte des Wesens der Sif zeigen, da Sif, Menglöd und Freya Göttinnen mit sehr ähnlichem Charakter gewesen zu sein scheinen.

Das Fiölswin-Lied beginnt damit, daß sich Svipdag dem Heim der Menglöd nähert und von dem Wächter des Hauses erblickt wird.

*Vor der Veste sah er den Fremdling nahen,
Den Riesensitz ersteigen.*

„*Er*" ist in diesen beiden ersten Versen der Wächter Fjölswin („Vielwissender") vor dem bewachten Haus („*Veste*" = Festung) der Menglöd – dieser Wächter ist Odin. Da dieses Haus als „Riesensitz" bezeichnet wird, muß Menglöd eine Riesin sein.

Auch Gunnlöd, zu der Odin reist und sich mit ihr vereint, und Gerdr, zu der Freyrs Bote Skirnir als Brautwerber reist, sind Riesinnen. Es hat somit den Anschein, daß die Asen allgemein die Riesinnen freien wollten. Im Zusammenhang mit der Wiederzeugung im Jenseits wurde die Jenseitsgöttin offenbar als Riesin bezeichnet. Auch die Unterweltsgöttin Hel ist eine Riesin.

Fiölswin:
„*Welches Ungetüm ist's, das vor dem Eingang steht,
Die Waberlohe umwandelnd?*

*Wonach verlangt Dich hier, was erlauerst Du?
Was willst Du, Freudenloser, wissen?
Auf feuchten Wegen hebe Dich weg von hier,
Hier ist Deines Bleibens nicht, Du Bettler!*"

Svipdag, der sich dem Haus der Menglöd nähert, wird von dem Wächter als „*Ungeheuer*" bezeichnet. Daraus läßt sich schließen, daß Svipdag eine beeindruckende Erscheinung sein muß – was sehr passend ist, da er die aufgehende Sonne oder die Frühlingssonne darstellt.

Die „*Waberlohe*", also der Kreis aus Flammen, ist ein beliebtes Bild der Germanen für das Tor zwischen Diesseits und Jenseits. Es erscheint u.a. auch im Skirnir-Lied, in dem Freyrs Bote Skirnir durch eine Flammenwand reiten muß um zu der Riesin Gerdr zu gelangen. Auch in der Siegfried-Sage muß Siegfried durch eine Waberlohe treten, um zu der Walküre Brünhilde zu kommen. In der Isländersaga über die Wikinger-Anführerin Hervor, aber auch in anderen Isländersagas wird beschrieben, daß aus den Hügelgräbern, in denen noch der Geist eines Toten wohnt, des nachts Flammen herauslodern.

Die Waberlohe scheint sehr wichtig gewesen sein, denn selbst Gerdrs Name ist möglicherweise von der Waberlohe abgeleitet, da er „die Umzäunte" im Sinne von „durch ein Hindernis rings um sie herum Beschützte" bedeutet.

Die „*feuchten Wege*" könnten ein Hinweis auf die Wasserunterwelt sein, aber das ist recht unsicher.

Fremdling:
„Welch Ungetüm ist's, das vor dem Eingang steht,
Und weigert dem Wanderer Gastrecht?
Gönnst Du nicht Gruß und Wort, so bist Du gar nichts wert:
Hebe Dich heim von hinnen."

Der *„Fremdling"* ist Svipdag, der hier den Wächter auf die guten Sitten hinweist. Er bezeichnet nun auch seinerseits den Fiölswin als „Ungeheuer". Daher sollte auch dieser Wächter eine bedeutende Person sein.

Fiölswin:
„Fiölswin heiß' ich und habe klugen Sinn,
Bin meines Mahls nicht milde.
Zu diesen Mauern magst Du nicht eingeh'n:
Rechtloser, hebe Dich von hinnen."

Der Wächter lobt sich hier als Entgegnung auf Svipdags Tadel seiner Manieren selber. *„Bin meines Mahls nicht milde"* ist eine altertümliche Entsprechung zu dem heutigen „Er ist sein Geld wert."

Fremdling:
„Von Augenweide wendet sich ungern
Wer Liebes sucht und Süßes.
Die Gürtung scheint zu glühen um goldne Säle:
Hier möcht' ich Frieden finden."

Die *„Augenweide"* ist die schöne Menglöd, zu der Svipdag gelangen will. Wie Sif und Freya wird auch Menglöd als „schön" bezeichnet – was allerdings aus dem Mund eines Verliebten nicht unbedingt ein Kriterium ist, aufgrund dessen man diese drei Göttinnen einander gleichsetzen könnte …

Die *„glühende Gürtung"* ist die Waberlohe. Die *„goldenen Säle"*, die von der Waberlohe umgeben werden, zeigen entweder, daß Menglöd reich ist, oder sie könnten ein Hinweis auf das „goldene Getreide" sein. Es ist auch denkbar, daß mit dem Gold der Grabschatz in dem Hügelgrab gemeint ist, das in diesem Lied den Eingang zu der Unterwelt bildet, in der Menglöd wohnt. Schließlich ist „Gold" auch noch eine beliebte Umschreibung für die Sonne – die des nachts und im Winter ebenfalls in der Unterwelt weilt. Daher ist das „Gold" an dieser Stelle nur ein sehr vager unterstützender Hinweis darauf ist, daß Freya-Menglöd und Sif identisch sind.

Fiölswin:
„Welcher Eltern Kind bist Du, Knabe, geboren;
Welchem Stamm entstiegen?"

Fremdling:
„Windkald heiß ich, Warkald hieß mein Vater,
Dessen Vater war Fiölkald.

Sage mir, Fiölswinn, was ich Dich fragen will
Und zu wissen wünsche:
Wer schaltet hier, das Reich besitzend,
Mit Gut und milder Gabe?"

Der „Fremdling" Svipdag nennt sich hier „*Windkald*" („Windkalt"). Da damals anstelle eines Nachnamens die Nennung des Vaters und evtl. noch des Großvaters üblich war, nennt Svipdag auch deren Namen „*Warkaldr*" („Frühlingskalt") und „*Fiölkald*" („Vielkalt"). Diese drei Namen sind offensichtlich genauso allegorisch wie der Name „Svipdag", der „schneller Tag" bedeutet und sich auf den Tagesanbruch oder auf die im Frühling länger werdenden Tage bezieht. Die drei Kälte-Namen werden wohl auf den Winter hinweisen, dessen Ende Svipdag bringt. Sein Pseudonym „Windkald" ähnelt zudem dem Namen des Vaters des Winters: „Windswalr" („Eiswind"). Schließlich wird der gewissermaßen kalte „alte Tyr" am Ende des Winters als „junger Tyr" wiedergeboren.

Fiölswin:
„Menglöd heißt sie, die Mutter zeugte sie
Mit Swaf, Thorins Sohn.
Die herrscht hier, das Reich besitzend,
Mit Gut und milder Gabe."

Der Wächter Fiölswin stellt nun seinerseits auch Menglöd mitsamt ihrem Vater und dessen Vater vor – offenbar wurden auch Frauen durch ihren Vater und Großvater und nicht durch ihre Mutter und Großmutter „definiert".
„*Swaf*" bedeutet „Blitzender" und ist leicht abgewandelt als „Swafnir" auch als Name des Odin bekannt. Da der Blitz bei den Indogermanen allgemein ein Zeichen des Göttervaters ist, sollte Swaf entweder Odin oder dessen Vorgänger Tyr sein. Dadurch würde Menglöd jedoch zur Tochter des Göttervaters, die ursprünglich aufgrund der Wiederzeugungs- und Wiedergeburtssymbolik erst seine Geliebte und dann seine Mutter gewesen ist. Die Auffassung der Menglöd als Tochter des Odin/Tyr müßte dann eine der weitverbreiteten spätere Umdeutungen sein, die die Oberherrschaft des

Odin sichern sollte (siehe auch „Inzest" in Band 51).

Swafs/Odins Vater wird hier „*Thorin*", d.h. „Mutiger" genannt. Ansonsten ist in der Edda kein Vater des Odin bekannt.

Windkald:
„Sage mir, Fiölswin, was ich Dich fragen will
Und zu wissen wünsche:
Wie heißt das Gitter? Nie sah'n bei den Göttern
So üble List die Leute."

Fiölswinn:
„Thrymgialla heißt es, das haben drei
Söhne Solblindis gemacht.
Die Fessel faßt jeden Fahrenden,
Der es hinweg will heben."

Das Haus der Menglöd wird anscheinend von einem Fallgitter o.ä. mit dem Namen „Donnerschall" („*Thrymgialla*") versperrt.

„*Solblindi*" bedeutet „Sonnenblinder". Eine solche Gestalt ist ansonsten unbekannt, aber der Name erinnert an Odins Name „*Helblindi*" („Hel-Blinder"), der wohl darauf anspielt, daß er auf einem Auge blind ist, da er es Mimir für dessen Kenntnisse über die Unterwelt („Hel") gegeben hat.

Die „*drei Söhne Solblindis*" erinnern an die drei Vertreter der drei Stände, die in den germanischen Mythen des öfteren auftreten und die Söhne des Tyr sind: Woden/Odin (Krieger und Fürsten), Wili (Bauern und Handwerker) und We (Priester und Heiler).

Die mit dem Gitter verbundene Fessel erinnern daran, daß Loki und der Fenriswolf mit einer „magischen" Fessel in der Unterwelt gefangengesetzt wurden. Das Gitter und die Fessel könnten somit das Tor zur Hel in der Waberlohe sein, die die Burg der Freya-Menglöd, d.h. die Unterwelt umgibt.

Windkald:
„Sage mir, Fiölswin, was ich Dich fragen will
Und zu wissen wünsche:
Wie heißt die Gürtung? Nie sahn bei den Göttern
So üble List die Leute."

Fiölswin:
„Gastropner heißt sie, ich habe sie selber
Aus des Lehmriesen Gliedern erbaut

Und so stark gestützt, daß sie stehen wird
So lange Leute leben."

Die „*Gürtung*" ist die Schutzanlage, die Menglöds Heim wie ein Gürtel rings umgibt. Sie besteht zum einen aus einer Waberlohe, aber zum anderen anscheinend auch aus einem Erdwall, da er von Fiölswin aus den Gliedern des Lehmriesen Mökkurkialfi erbaut worden ist. Der Name „*Gastropner*" dieses Walles bedeutet „Gäste laut herbeirufen" – ein für einen Schutzwall eigentlich recht seltsamer Name. Er ergibt jedoch Sinn, wenn man bedenkt, daß dieser Wall die Unterwelt ist, in die alle Menschen früher oder später gerufen werden.

Es ist fraglich, ob des „*Lehmriesen Glieder*" hier nur ein poetisches Bild sind, oder ob mit ihm auf etwas anderes angespielt wird. Da Fiölswin, der den Wall errichtet hat, als Wächter am Jenseitstor eine Funktion innehat, in der sich sonst des öfteren der Schamanengott Odin befindet (Harbard-Lied) und „Fiölswin" („Vielwissender") ein sehr passender Name für Odin ist, könnte der Lehmriese eine Anspielung auf das Erschaffen der Welt aus den Gliedern des Urriesen Ymir durch die drei Brüder Woden (Odin), Wili und We sein. Da das Heim der Menglöd die Unterwelt, also ein wesentlicher Teil der gesamten Welt ist, wäre diese Anspielung recht passend.

Dies wird dadurch bestätigt, daß Tyr als der rangmäßig „erste der Riesen im Jenseits" und Ymir als der zeitlich „erste Riese im Jenseits" oft miteinander gleichgesetzt worden sind. Der Lehmriese entpricht Tyr, da es in den späteren Mythen Thors Hauptaufgabe ist, den in vielfältiger Gestalt auftretenden Tyr-Riesen (Hymir, Thiazi, Geirröd, Thrym usw.) zu besiegen – eine Erinnerung an die Absetzung des alten Göttervaters Tyr durch Thor und des Odin um ca. 500 n.Chr.

Dieser aus dem Lehmriesen erschaffene Wall ist offenbar identisch mit dem Wall von Udgard, der jenseits des Weltmeeres die Welt an ihrem Rand kreisförmig umgibt.

Auch der Name „Mökkurkalfi" („Nebelkalb") des Lehmriesen würde gut zu dieser Deutung passen, da Ymir von der Kuh Audhumbla begleitet wurde und sein Schädel, der später die Himmelskuppel bildete, auf vier Hörnern aufgestützt wurde. Das „Nebelkalb", also der Lehmriese (Ymir) scheint in diesem Bild ein Kind der Urkuh Audhumbla zu sein, die die Fruchtbarkeit der Großen Mutter verkörpert. Der „Nebel", in dem sich dieses „Kalb" befindet, wird Niflheim („Nebelheim"), also das Jenseits im eisigen Norden sein.

Windkald:
„Sage mir, Fiölswin, was ich Dich fragen will
Und zu wissen wünsche:
Wie heißen die Hunde? Ich hatte so grimmige
Lange nicht im Land gesehen."

Fiölswinn:
„Gif heißt einer und Geri der andre,
Weil Du's zu wissen wünschest.
Elf Wachen müssen sie wachen
Bis die Götter vergehen."

„*Geri*" („Gieriger") und „*Gif*" („Frecher") sind offensichtlich mit „Geri" („Gieriger") und „Freki" („Fresser"), den beiden Wölfen des Odin, identisch. Dies bestätigt, daß Fiölswin eine Kenning für Odin ist.

Die „*elf Wachen*" könnten die elf Monate sein, nach denen dann der Monat kommt, in dem die Götter vergehen, d.h. der Ragnarök. Dieses „*Vergehen der Götter*" ist vermutlich der Winteranfang. Die Vorgänge im Fiölswin-Lied stellen den Gegenpol zum Ragnarök dar, also das Ende des Winters, den Frühlingsanfang und die Wiedergeburt der Asen in ihren Söhnen nach dem Ragnarök.

Windkald:
„Sage mir, Fiölswin, was ich Dich fragen will
Und zu wissen wünsche:
Ob einer der Menschen eingehen mag
Während die Schnaufenden schlafen."

Fiölswin:
„Abwechselnd zu schlafen war ihnen auferlegt
Seit sie hier Wächter wurden:
Einer schläft tags, der andre nachts,
Und so kann niemand hinein."

Windkald:
„Sage mir, Fiölswin, was ich Dich fragen will
Und zu wissen wünsche:
Gibt es keine Kost, sie kirre zu machen
Und einzugehen, während sie essen?"

Fiölswin:
„Zwei Flügel siehst Du an Windofnirs Seiten,
Weil Du's zu wissen wünschst.
Das ist die Kost, sie kirre zu machen
Und einzugehen, während sie essen."

„*Windofnir*" („Windweber") ist die Kenning der Wanen für den Himmel. Windofnir hat aber auch die Gestalt eine Vogels, wie man aus den beiden Flügeln schließen kann – er ist ein Hahn, wie sich später im Fjölswin-Lied zeigt. Auch auf dem Weltenbaum sitzt ein Hahn. Er wird „*Fjalar*" („Verberger") genannt und hat einen goldenen Kamm. Beide Hähne könnten somit identisch sein.

Nur mit den Flügeln dieses Hahnes lassen sich die beiden Hunde „kirre machen", d.h. besänftigen. Der Hahn sollte daher, vom einem symbol-logischen Standpunkt her betrachtet, etwas sein, das in der Lage ist, in die Unterwelt und wieder heraus zu gelangen. Da Vögel in Mythen im allgemeinen Seelenvögel sind, würde dies zutreffen. Durch das weitverbreitete Gleichnis zwischen dem Tod und dem Sonnengang sowie zwischen der (Wieder-)Geburt und dem Sonnenaufgang könnte er auch mit der Sonne assoziiert worden sein.

Windkald:
„Sage mir, Fiölswin, was ich Dich fragen will
Und zu wissen wünsche:
Wie heißt der Baum, der die Zweige breitet
Über alle Lande?"

Fiölswinn:
„Mimameid heißt er, Menschen wissen selten
Aus welcher Wurzel er wächst.
Niemand erfährt je, wie er zu fällen ist,
Da weder Schwert noch Feuer ihm schaden."

„*Mimameid*" bedeutet „Mimirs Baum". Da der Riese Mimir („Erinnerung") an der Quelle Hvergelmir („brodelnder Kessel") unter dem Weltenbaum Yggdrasil lebt, ist Mimameid mit Yggdrasil identisch. Dies ergibt sich auch schon dadurch, daß Mimameids Zweige über alle Länder ragen – was nur auf den Weltenbaum zutrifft.

Der Weltenbaum als Verbindung zwischen dem Diesseits auf der Erde und dem Jenseits im Himmel ist zudem der Ort, an dem die Seelenvögel in das Jenseits eingehen bzw. wieder aus ihm auftauchen.

Windkald:
„Sage mir, Fiölswin, was ich Dich fragen will
Und zu wissen wünsche:
Welchen Nutzen bringt der weltbekannte Baum,
Dem weder Feuer noch Schwert je schaden?"

Fiölswinn:
„Mit seinen Früchten soll man feuern,
Wenn Weiber nicht wollen gebären.
Aus ihnen geht dann das, was vorher innen blieb:
So wird er der Leute Lebensbaum."

Windkald:
„Sage mir, Fiölswin, was ich Dich fragen will
Und zu wissen wünsche:
Wie heißt der Hahn auf dem hohen Baum,
Der ganz von Golde glänzt?"

Fiölswinn:
„Windofnir heißt er, der im Winde leuchtet
Auf Mimameidis Zweigen.
Beschwerden schafft er, und schwerlich raubt
Den Schwarzen jemand sich zur Speise."

Da Fiölswin/Odin einige Strophen vorher dem Svipdag/Windkald gesagt hat, daß die beiden Wachunde nur mit den Flügeln des Hahnes Windofnir beruhigt werden können und Odin hier sagt, daß dieser Hahn auf Mimameids Zweigen sitzt und nur schwer zur fangen sei, befindet sich die ganze Szenerie im Fiölswin-Lied anscheinend in der Nähe des Weltenbaumes. Dies ist aus mythologischer Sicht auch notwendigerweise so, da der Weltenbaum den Weg zwischen Diesseits und Jenseits darstellt und sich somit in der Nähe des Jenseitstores befinden sollte, an dem Svipdag gerade steht und mit Odin spricht.

Windofnir auf dem Wipfel des Mimameid und Fjalar auf oben auf Yggdrasil sind offenbar beide derselbe Hahn auf dem Weltenbaum.

Windkald:
„Sage mir, Fiölswin, was ich Dich fragen will
Und zu wissen wünsche:
Ist keine Waffe, die Windofnir
Zu Hels Behausung zu senden vermag?"

Fiölswin:
„Häwatein heißt der Zweig, Lopt hat ihn gebrochen
Vor dem Totentor.
In eisernem Schrein birgt ihn Sinmara
Unter neun schweren Schlössern."

Es ist offensichtlich nicht einfach, an Odins Wölfen vorbeizukommen, die hier die Funktion der Wächter am Jenseitstor innehaben, die sonst von dem Fenriswolf oder dem Höllenhund Garm eingenommen wird.

Der Hahn Windofnir läßt sich nur mit dem *„Häwatein"* („treffender Zweig") töten, den *„Lopt"* („der Luftige" = Loki) vor dem Totentor abgebrochen hat. Diesen Zweig bewahrt zudem Sinmara in einer eisernen Kiste mit neun Schlössern auf. Dieser „treffende Zweig" ist offensichtlich mit dem Mistelzweig („Mistiltein") identisch, den Loki dem Hödur als Pfeil gab, damit dieser mit ihm ohne es zu wollen seinen Bruder Baldur erschoß.

Die Kombination des Mistelzweiges mit Baldur und dem Hahn läßt vermuten, daß der Hahn eigentlich die Fylgia, also der Seelenvogel des Baldur ist – ähnlich dem Adler, der der Seelenvogel des Göttervaters Tyr/Odin ist.

Die Mistel als immergrüne Pflanze wird die Hoffnung auf ein Ende des Winters und die Wiederkehr des Sommers darstellen. Genau dies will Svipdag in dem Fiölswin-Lied auch erreichen.

Sinmara, die den Mistelpfeil bewacht, sollte eigentlich die Unterweltsriesin Hel sein. „Sinmara" bedeutet „Große Stute". Sie ist Freya-Hel bei der Wiederzeugung, wenn der Tote die Gestalt eines Hengstes annimmt (wie bei den Griechen z.B. Poseidon und Demeter, die sich in der Gestalt eines Hengstes und einer Stute miteinander vereint haben).

Die „neun Schlösser" sind ein deutlicher Hinweis darauf, daß sich der Mistelpfeil in der Unterwelt befindet, da die „3" und die „9" bei den Germanen Symbole des Jenseits waren.

Windkald:
„Sage mir, Fiölswin, was ich Dich fragen will
Und zu wissen wünsche:
Kann lebend zurückkehren, der nach ihr verlangt
Und die Rute rauben will?"

Fiölswin:
„Lebend kann zurückkehren, der nach ihm verlangt
Und die Rute rauben will,
Wenn er das schenkt, was wenige besitzen,
Der Dise des leuchtenden Lichts."

Eine *„Dise"* ist eine Göttin. Das *„Licht"* ist die Sonne, die von Freya-Menglöd am Morgen bzw. im Frühjahr wiedergeboren wird. Dies entspricht der Wiedergeburt des Getreides durch Sif.

Anscheinend muß man den Mistelzweig aus der Unterwelt rauben, um in die Unterwelt zu gelangen, um von dort den Mistelzweig zu holen – nicht gerade einfach …

Windkald:
„Sage mir, Fiölswin, was ich Dich fragen will
Und zu wissen wünsche:
Gibt's einen Hort, den man haben kann,
Der die fahle Vettel freut?"

Eine *„Vettel"* ist eine alte, häßliche Frau mit einem schlechten, unmoralischem Charakter, d.h. in etwa eine Hexe. Die *„fahle Vettel"* ist die Göttin-Riesin Hel, deren ständiger Aufenthalt unter der Erde sie hat blass werden lassen.
   Mit *„Hort"* ist hier kein großer Goldschatz gemeint, sondern nur das Geschenk, über das Fiölswin eine Strophe vorher gesprochen hat.

Fiölswin:
„Die blinkende Sichel birg im Gewand,
Die in Windofnirs Schweife sitzt,
Gib sie Sinmara, so wird sie gerne
Die blutige Rute Dir borgen."

Die Angelegenheit wird zunehmend schwieriger für Svipdag: Nun soll er eine Feder aus dem Schwanz des Hahnes Windofnir reißen, um diese Feder dann bei Hel gegen deren Mistelpfeil einzutauschen, um dann erst anschließend mit diesem Pfeil den Hahn zu erlegen, mit dessen Flügeln er die Hunde besänftigen muß, um in die Unterwelt gelangen zu können, in die er jedoch schon vorher zu seinem Tauschhandel „Feder gegen Pfeil" mit Hel reisen muß.
   Svipdag braucht also die Hahnenfeder, um den Hahn zu fangen und er muß in die Unterwelt reisen, um sich von dort das zu holen, mit dessen Hilfe er dann erst in die Unterwelt reisen kann.
   Angesichts derartig gravierender logistischer Probleme ist es verständlich, daß die Menschen nicht allzuoft in die Unterwelt reisen und dort Hel besuchen gehen …

Windkald:
„Sage mir, Fiölswin, was ich Dich fragen will
Und zu wissen wünsche:
Wie heißt der Saal, der umschlungen ist
Weise mit der Waberlohe?"

Fiölswin:
„Glut wird er genannt, der kreisend sich dreht

Wie auf des Schwertes Spitze.
Von dem seligen Hause soll man immerdar
Nur von Hörensagen hören."

Das Heim („*Saal*") der Menglöd ist nicht nur von einer Waberlohe umgeben, sondern heißt auch noch selber „*Glut*". „Hels Halle" ist offensichtlich eine Feuerunterwelt.

Das Kreisen dieser Halle ist zunächst einmal eine recht unerwartete Eigenschaft des Saales der Menglöd. Das einzige Große, das in den Mythen der Germanen kreist, ist die Himmelkuppel. In der Mitte dieser Himmelkuppel berührt der Wipfel des Weltenbaumes, der am Nordpol steht, genau am Polarstern den Himmel. Der Weltenbaum ist demnach das „*Schwert*", auf dessen Spitze sich Ymirs Schädel, aus dem der Himmel von den Asen erschaffen wurde, dreht.

Dieses Jenseitsbild bezieht sich offenbar auf das Himmelsjenseits – was vermuten läßt, daß das Feuer dort am Himmel das Sonnenfeuer ist. In der Edda stehen die beiden Motive „Halle der Hel" unter der Erde und Odins „Walhalla" bzw. „Tyrs Ginle-Saal" im Himmel nebeneinander. Walhalla und Gimle sind für die im Kampf gefallenen Krieger reserviert, während alle anderen zur Hel fahren.

Da sich zum einen der Eingang zu den Hallen der Hel zwischen den Wurzeln des Weltenbaumes befindet und zum anderen der Stamm des Weltenbaumes nach Asgard im Himmel hinaufführt, ist der Weltenbaum der Weg zu beiden Formen des Jenseits.

Windkald:
„Sage mir, Fiölswinn, was ich Dich fragen will
Und zu wissen wünsche:
Wer hat gebildet, was vor der Brüstung ist
Unter den Asensöhnen?"

Fiölswin:
„Uni und In, Bari und Ori,
Warr und Wegdrasil,
Dori und Uri, Delling und Atward,
Lidskialf und Loki."

Das, „*was vor der Brüstung ist*" wird wohl die Befestigungsanlage rings um das Heim der Menglöd sein, also die aus dem Fleisch des Urriesen Ymir-Mökkurkalfi erschaffene Erde/Unterwelt sowie der Menglöd-Wall. Die zwölf aufgezählten Asen werden wohl in etwa dieselben wie die in anderen Aufzählungen sein, zumal Loki wie auch sonst immer als Letzter erscheint. Diese zwölf Asen sind symbolisch wohl die Gesamtheit der Asen.

Die angeführten Namen sind vermutlich unbekanntere Beinamen der Asen. „Delling" bedeutet „Glänzender, Tag". „Wegdrasil" könnte wie „Wegtam" ein Beiname des Odin sein.

„Lidskialf" bedeutet „Insel des Tores" und ist der Name von Odins Thron, der als Tor zum Jenseits aufgefaßt worden ist. Diese Insel ist die Jenseitsinsel.

Windkald:
„Sage mir, Fiölswin, was ich Dich fragen will
Und zu wissen wünsche:
Wie heißt der Berg, wo ich die Braut,
Die wunderschöne, schaue?"

Fiölswin:
„Hyfiaberg heißt er, Heilung und Trost
Seit langem den Lahmen und Siechen.
Gesund ward jeder, wie verjährt war das Übel,
Der den Steilen erstieg."

Das Heim der Menglöd ist auch das Haus der Heilung, wie der Name *„Hyfiaberg"* („Heil-Berg") zeigt. Sein Bezeichnung als *„Steiler"* ist vermutlich vor allem eine poetische Umschreibung. Auch die Riesin Gunnlöd, zu der Odin in der Gestalt einer Schlange reist, wohnt in einem Berg. Diese beiden Berge sind sicherlich Hügelgräber, die von den Germanen als Eingang in die Unterwelt aufgefaßt wurden.

In sehr vielen Mythen ist die Tätigkeit des Schamanen zu der Tätigkeit des Heilers ausgeweitet worden, denn wer mit dem Tod umgehen kann, weiß auch, was er bei dem „kleinen Tod" also den Krankheiten tun muß. In gleicher Weise kann natürlich auch die Jenseitsgöttin selber alle Krankheiten heilen, da sie durch die Wiedergeburt der Toten sogar den Tod überwinden kann.

Windkald:
„Sage mir, Fiölswin, was ich Dich fragen will
Und zu wissen wünsche:
Wie heißen die Mädchen, die vor Menglöds Knien
Einig beisammen sitzen?"

Diese Szene erinnert an die neun Töchter der Meeres- und Jenseitsgöttin Ran.

Fiölswin:
„Hlif heißt eine, die andere Hlifthursa,
Die dritte Dietwarta,

*Biört und Blid, Blidur und Frid,
Eir und Örboda."*

Da „*Eir*" („Hilfe") als die beste der Heilerinnen der Asen bekannt ist, werden diese neun Mädchen wohl die Heilkunst-Schülerinnen der Menglöd sein. Dazu paßt gut, daß „*Hlif*" „Schützende" bedeutet und „*Hlifthursa*" „beschützende Riesin". Auch die übrigen Namen der neun Mädchen fügen sich gut in diese Annahme: „*Blid*" und „*Blidur*" bedeuten „Sanfte"; „*Frid*" bedeutet wahrscheinlich „Freundliche" und „*Dietwarta*" vermutlich „Volksschützerin".

„*Biört*" ist die „Glänzende". Aus ihrem Namen wurde später „Bertha", die eine hilfreiche Wintergöttin ist, die in den Märchen auch als „Frau Holle" erscheint. „*Örboda*" ist ein Beiname der Göttin Ran und bedeutet „Lichtbotin".

Da man davon ausgehen kann, daß die Schülerinnen der Göttin Menglöd Namen tragen, die Qualitäten ausdrücken, die Menglöd an ihren Schülerinnen schätzt, kann man aus diesen Namen eine Beschreibung der Heilerin Menglöd ableiten, da auch sie selber die Eigenschaften haben wird, nach denen sie ihre Schülerinnen ausgewählt hat.

\multicolumn{4}{c}{**Namen der neun Mädchen => Charakter der Heilerin Menglöd**}
Name	*Bedeutung*	\multicolumn{2}{c}{*Charakter der Menglöd*}
Eir	Hilfe	Helferin	sanfte Helferin	sanfte, sonnengleiche Helferin in der Unterwelt
Hlif	(Be-)Schützende			
Hlifthursa	(Be-)Schützende Riesin			
Dietwarta	Volksschützerin			
Blid	Sanfte	Sanfte		
Blidur	Sanfte			
Frid	Freundliche			
Biört	Glänzende (Sonne)	Sonnengöttin	sonnengleiche Unterweltsgöttin	
Örboda	Lichtbotin			

Windkald:
*„Sage mir, Fiölswin, was ich Dich fragen will
Und zu wissen wünsche:
Beschützen sie alle, die ihnen opfern,
Wenn sie dessen bedürfen?"*

Fiölswin:
„Jeglichen Sommer, so ihnen geschlachtet
Wird an geweihtem Orte,
Welche Krankheit auch die Menschenkinder überkommt,
Jeden nehmen sie aus ihren Nöten."

Windkald:
„Sage mir, Fiölswin, was ich Dich fragen will
Und zu wissen wünsche:
Mag ein Mann wohl in Menglöds
Sanften Armen schlafen?"

Fiölswin:
„Kein Mann mag in Menglöds
Sanften Armen schlafen –
Nur Svipdag allein: die Sonnenglänzende
Ist ihm verlobt seit langem."

Die Bezeichnung der Menglöd als *„Sonnenglänzende"* („Solbiarta") gleicht dem Namen des Svipdag („schneller Tag"), da sich auch dessen Name auf die Sonne bezieht. Die Sonnensymbolik ist in diesem Lied offenbar wichtig. Dieser Name entspricht auch den Namen „Biört" („Glänzende") und „Örboda", die zwei ihrer Schülerinnen tragen. Die Verbindung der Menglöd zur Sonne ist offenbar recht eng.

Windkald:
„Auf reiß die Türe, schaff weiten Raum,
Hier magst Du Svipdag schauen.
Doch frage zuvor, ob noch erfreut
Menglöd meine Minne."

Fiölswin:
„Höre, Menglöd! Ein Mann ist gekommen:
Geh' und beschaue den Gast.
Die Hunde freuen sich, das Haus erschloß sich selbst,
Ich denke, es ist Svipdag."

Die unmöglichen Aufgaben, die Fiölswin dem Svipdag stellte, als dieser das Haus der Menglöd betreten wollte, braucht dieser nun nicht mehr zu erfüllen, da sich das Haus selber öffnet, um ihn einzulassen. Im übertragenden Sinne kann man dies evtl. so auffassen, daß sich mit dem Frühling die Erde durch die Rückkehr der Sonne von selber öffnet – und die Pflanzen einschließlich des Getreides wieder ins Diesseits zurückkehren läßt.

Menglöd (zu Fiölswin):
„Glänzende Raben am hohen Galgen
Hacken Dir die Augen aus,
Wenn Du das lügst, daß der Verlangte endlich
Zu meiner Halle heimkehrt."

Menglöd (zu Svipdag):
„Von wannen kommst Du? Wo warst Du bisher?
Wie hieß man Dich daheim?
Nenne genau Namen und Geschlecht,
Bin ich als Braut Dir verbunden."

Svipdag:
„Svipdag heiß ich, Solbiart hieß mein Vater,
Her führten mich windkalte Wege.
Urds Ausspruch ändert niemand,
Auch wenn er unverdient träfe."

Svipdags Vater heißt *„Solbiart"* („Sonnenglänzender"). Sein Name ist die männliche Form des Beinamens „Solbiarta" der Menglöd. Svipdag und Menglöd scheinen somit derselben Sippe zu entstammen.

Die *„windkalten Wege"* sind wahrscheinlich ein Hinweis auf den nun vergangenen Winter.

„Urds Ausspruch" ist hier wohl die Vorherbestimmung der Wiedergeburt der Sonne im Frühling und somit auch der Wiederkehr der Pflanzen. Mit diesem alljährlichen Schicksalsspruch der Norne ist auch der Mistelzweig verbunden, der zum einen zwar den Tod des Sommers, aber zum anderen auch die Hoffnung auf den nächsten Frühling symbolisiert.

Menglöd:
„Willkommen seist Du, mein Wunsch erfüllt sich,
Den Gruß begleite der Kuß.
Unversehenes Schauen beseligt doppelt
Wo rechte Liebe verlangt.

*Lange saß ich auf liebem Berge
Auf Dich wartend Tag um Tag;
Nun geschieht, was ich hoffte, da Du heimgekehrt bist,
Süßer Freund, in meinem Saal."*

*Swipdag:
„Sehnlich Verlangen hatt' ich nach Deiner Liebe
Und Du nach meiner Minne.
Nun ist gewiß, wir beide werden
Miteinander ewig leben."*

Das „ewige Zusammenleben" ist hier genaudieselbe Umdeutung zu einem einmaligen Ereignis wie es sich beim (einmaligen) Ragnarök findet. Diese „Götterdämmerung" ist ursprünglich der zyklischen Tod des Sommers, des Getreides und des Göttervaters Tyr gewesen und wurde erst nach und nach zu dem Tod fast aller Asen umgedeutet.

Man kann zumindestens vermuten, daß es zu diesen regelmäßig wiederkehrenden Zeiten im Jahreslauf, die später zu einmaligen Ereignissen umgedeutet wurden, ursprünglich auch die jeweils entsprechende Mythe zu dem Gegenpol im Jahreskreis gegeben hat. Diese beiden Szenen werden dann mythologisch-rituelle Ereignis-Paare gebildet haben, die die beiden Wechsel zwischen Sommer und Winter dargestellt haben.

Die folgenden Übersicht zeigt diese Mythen-Paare. Die rekonstruierten Szenen sind in Klammern gesetzt.

| **Die beiden Wechsel zwischen Sommer und Winter** ||
Sommer => Winter	*Winter => Sommer*
Loki schert Sifs Haar ab	die Zwerge erschaffen Sifs neues Haar
(Svipdag verläßt Menglöd)	Svipdag kehrt zu Menglöd zurück
(Freyr verläßt Gerdr)	Freyr/Skirnir reist zu Gerdr
Raub des Göttermets	Odin reist zu Gunnlöd
Skadi und Niörd trennen sich	Skadi und Niörd werden ein Paar
Baldur stirbt durch Loki/Hödur	Baldur wird wiedergeboren
die Asen sterben im Ragnarök	die Sohn-Paare der Asen werden wiedergeboren
Tyr verliert seine rechte Hand	(Tyr erhält seine rechte Hand zurück)
(Tyrs Schwert zerbricht)	Tyr-Wieland schmiedet sein Schwert neu

In vier Liedern der Edda findet sich eine Brautwerbung o.ä. Der Ursprung dieses Motivs, daß in einer Mythensammlung wie der Edda mehr als eben nur eine Heiratsanbahnung sein könnte, findet sich am deutlichsten bei Odin und Gunnlöd als Jenseitsreise mit Wiederzeugung, Wiedergeburt und Wiederstillen (Göttermet) dargestellt.

Auch im Fiölswin-Lied ist deutlich zu sehen, daß es sich um eine Unterweltsreise und ein Frühlings-Gleichnis handelt.

Skirnirs Werbung der Gerdr für Freyr ist dadurch als Jenseitsreise erkennbar, daß Gerdr eine Riesin ist und somit in der Unterwelt lebt. Gerdr ist wie Menglöd eine „Sonnenfrau", da sie am Anfang des Skirnir-Liedes die Tore am Horizont für die Sonne öffnet.

Auch Skadi ist eine Riesin, die den Asen Niörd zum Mann wählt. Da jedoch keiner der beiden auf Dauer bei dem anderen leben kann, trennen sich beide wieder, nachdem sie versucht hatten, im Rhythmus von neun Nächten jeweils abwechselnd in dem Heim der Skadi und dem Heim des Niörd zu wohnen. In dieser Mythe hat sich der zyklische Charakter in den symbolischen neun Tagen noch erhalten können, die auf eine Jenseitsreise hinweisen.

Skadi wollte ursprünglich Rache für ihren von den Asen getöteten Vater Tiazi (Tyr) nehmen, aber willigte darin ein, einen Asen als Mann zum Ausgleich für den Mord zu erhalten. Sie mußte ihn jedoch mit verbundenen Augen anhand seiner Füße auswählen. Sie wollte Baldur, da er der schönste der Asen war, aber sie hielt Niörds Füße für die des Baldur und erhielt somit den Meeresgott als Mann. Da das Motiv der Füße eng mit dem Sonnengott verbunden ist, der von den Indogermanen ursprünglich einmal als Himmelswanderer aufgefaßt worden ist, erhält Niörd hier eine Verbindung zu der „Frühlingssonne" Svipdag. Auch die Verwechselung des Niörd mit Baldur zeigt, daß es bei dieser Bräutigam-Wahl um eine Jenseitsreise als Bild für den Wechsel der Jahreszeiten geht.

In dem Edda-Lied „Des Hammers Heimholung" findet sich schließlich eine Parodie auf diese Brautwerbungen. Solche Parodien waren bei den Germanen offenbar sehr beliebt, wie u.a. auch die Lieder „Lokasenna" und die Erzählung über den Riesen Udgardloki zeigen.

Das Fiölswin-Lied ergänzt die Vorstellungen über die Erd- und Getreidegöttin Sif durch mehrere Motive:

- Die Wiederzeugung erscheint in der Edda mehrfach als die Werbung eines Asen um die Hand einer Riesin. Die Riesin Jarnsaxa, mit der der Sif gleichgesetzt wird, könnte daher auch eine solche Jenseits-Riesin sein, um die dann Thor und Loki werben.

Diese Brautwerbungen sind vermutlich ein poetisches Gleichnis. Solche

Analogien benutzten die germanischen Skalden ständig in den Details ihrer Lieder, wenn sie z.B. einen „Bart" als „Kinnwald" bezeichnen. Sie verwendeten solche Vergleiche auch innerhalb einer kompletten Szene, wenn sie z.B. einen Kampf vollständig mit den Begriffen eines Gastmahles umschrieben. Und schließlich konnten sie dieses Prinzip auch auf eine Mythe als Ganzes anwenden, wodurch dann z.B. aus der Jenseitsfahrt zu der eigenen Wiederzeugung und Wiedergeburt eine Brautwerbung werden konnte.

Diese Art von poetischen Umschreibungen macht einen wesentlichen Teil der germanischen Dichtkunst aus.

- Der Weg ins Jenseits, den Loki geht, um von den Zwergen den Ersatz für Sifs goldene Haare zu holen, wird ihn zum Weltenbaum und dort durch den Wall und die Waberlohe in die Unterwelt hinab geführt haben. Denselben Weg wird er vermutlich auch gegangen sein, als er Sif besuchte, sich mit ihr vereinte und den Ullr zeugte.

Vermutlich ist die technische Anfertigung der Haare der Sif durch die beiden Zwerge Brock und Sindri eine jüngere Variante der älteren Mythe der Wiederzeugung des Getreides, die in der Edda als Lokis Verbindung mit Sif erhalten geblieben ist.

- Mit der Rückkehr des Sif-Haares, also des Getreides auf die Erde, ist eng die Mythe der Reise der Sonne aus der winterlichen Unterwelt zurück in das sommerliche Diesseits verbunden.

Diese Symbolik ist in den Erzählungen der Edda über die Asin Sif nicht mehr zu finden.

- Der Hahn auf dem Weltenbaum, der in der Edda manchmal als golden oder als mit einem goldenen Hahnenkamm gekrönt beschrieben wird, ist zum einen die Fylgia (Seele) der Jenseitsreisenden und zum anderen wohl auch ein Symbol der Sonne. Beide Motive sind auch mit dem Tod und der Wiederkehr des Getreides verbunden.

Die Kombination von Seelenvogel und Sonne findet sich aufgrund des sehr alten Gleichnisses zwischen Tod und Sonnenuntergang bzw. zwischen (Wieder-)Geburt und Sonnenaufgang bei sehr vielen Völkern. Am bekanntesten ist sicherlich die altägyptische Flügelsonne, die eine Entsprechung zu dem Hahn Güldenkamm der Germanen ist.

Auch dieses Motiv scheint in den Sif-Mythen verlorengegangen zu sein – falls man nicht Loki selber aufgrund seiner magischen Schuhe, mit deren Hilfe er durch die Luft fliegen kann, als Hinweis auf eine Fylgia-Symbolik werten will.

II 8. Skaldskaparmal (4)

Im Fiölswin-Lied erscheint Menglöd als eine Riesin in der Unterwelt, die die Muttergöttin im Jenseits ist, die die Toten und im übertragenden Sinne auch das Pflanzen einschließlich des Getreides wiedergebiert. Die Erd- und Korngöttin Sif erscheint somit als eine speziellere Form der Menglöd.

Vermutlich sind sowohl die Riesin Menglöd als auch die Asin Sif aus beschreibenden Namen für die Große Mutter im Jenseits entstanden. Als Mutter wurde diese Göttin „Sif", also eine „weibliche Verwandte, Mutter" genannt. Menglöd („Halsreif-Frohe") ist als Besitzerin des golden Halsreifs Brisingamen, der die Sonne und somit auch die Wiedergeburt symbolisiert hat, als Freya erkennbar. Das Gold dieses Halsreifs stellt vermutlich gleichzeitig die Seele, die Sonne und das Getreide da.

Als Erdgöttin, dessen Haar das Getreide ist, ist Sif auch eine Göttin der Unterwelt, da sich zum einen die Unterwelt in der Erde befindet und zum anderen sowohl die Toten als auch das Getreide von der Jenseitsgöttin wiedergeboren werden.

Daher verwundert es nicht, daß in den Listen der von den Skalden benutzten poetischen Umschreibungen in der Edda „Sif" als eine Heiti für „Erde" angeführt wird. Sif war offensichtlich so eng mit der Erde assoziiert, daß jeder, der den Liedern der Skalden lauschte, sofort wußte, daß die Erde selber gemeint war, wenn der Skalde in seinen Gesängen den Namen „Sif" benutzte.

Die germanischen Skalden hatten ein sehr differenziertes System von verschiedenen Möglichkeiten der Umschreibung, von denen die „Heiti" und die „Kenning" die beiden wichtigsten und gebräuchlichsten sind.

Während eine Kenningar ein Ding mit zwei Worten umschreibt („Wogen-Roß" für „Schiff"), ersetzt eine Heiti ein Wort durch ein anderes, das ihm inhaltlich so ähnlich ist, daß man das Gemeinte assoziativ erfassen kann („Berg" für „Hügelgrab").

Die Verwendungsmöglichkeit von „Sif" als Heiti für „Erde" zeigt, daß Sif als Erdgöttin aufgefaßt worden ist. Diese Heiti bestätigt sehr deutlich die Auffassung von Sifs Haar als Bild für das reife, „goldene" Getreide, da dieses eben auf der Erde wächst.

Zu der Auffassung der Sif als Erdgöttin paßt auch, daß Thor nicht nur der Donnergott gewesen ist, sondern auch mit dem Schutz des Besitzes und mit der Fruchtbarkeit der Erde assoziiert wurde. Dieser Auffassung des Thor entspricht es, daß sein Hammer nicht nur seine Waffe, sondern auch ein Symbol des Penis war, weshalb bei den Hochzeiten der Germanen der Braut ein Modell des Thorshammers in den Schoß gelegt wurde.

Auf diesem Brauch baut u.a. das Edda-Lied „Des Hammers Heimholung" auf, das eine Parodie auf die Jenseitsreisen des Thor zu den Riesinnen ist.

II 9. Skaldskaparmal (5)

In der Skaldskaparmal werden verschiedene Kenningar für Gold angeführt, unter denen auch Sifs Haar erscheint. Daraus läßt sich schließen, daß die goldene Farbe von Sifs Haar so wichtig und bekannt gewesen sein muß, daß jedem, der den Liedern der Skalden zuhörte, bei „Sifs Haar" sofort „Gold" einfiel, denn sonst hätte diese Kenning nicht funktionieren können.

Wie soll man Gold umschreiben?
So: Indem man es wie folgt nennt:
    Ägirs Feuer,
    Nadeln (Blätter) *des Glasir* (Baum mit goldenen Blättern in Asgard),
    Haar der Sif,
    Haarreif der Fulla,
    Freyas Tränen,
    Reden der Riesen,
    Stimme der Riesen,
    Worte der Riesen,
    Draupnirs Tropfen,
    Tropfen von Freyas Augen,
    Lösegeld des Otters,
    erzwungene Bezahlung der Asen,
    Saat der Fyris-Ebene (dort spielt eine Sage über König Hrolf Kraki),
    Dach des Hügelgrabes des Hölgi,
    Feuer des Wassers (Sonne in der Wasserunterwelt),
    Feuer der Hand (Armreif),
    Stein der Hand,
    Felsen der Hand und
    Glanz der Hand.

II 10. Skaldskaparmal (6)

In dem alten Lied „Bjarkamal" werden viele Bezeichnungen für Gold aufgezählt. In ihm wird auch Sif in einer Gold-Kenning erwähnt:

Der König bereicherte seine Wächter
auf die großzügigste Weise

mit Fenjas Arbeit,
mit Fafnirs Midgard,
mit Glasirs hell-strahlenden Nadeln
mit Granis edler Last,
mit Draupnirs kostbaren Tropfen,
mit der Ebene des Grafvitnir.

    Fenja (Frigg) und Menja (Freya) mahlten mit ihrer magischen Mühle in der Höhle „Grotto" (Hügelgrab) Mehl, Salz und Gold.
    Das Land („Midgard"), d.h. der Wohnort des Drachen Fafnir ist sein goldener Hort.
    Der (Welten-)Baum Glasir in Asgard hatte goldene Blätter.
    Grani ist Sigurds Roß, daß auf seinem Rücken den Drachenhort forttrug.
    Draupnir ist Odins goldener Jenseitsreise-Ring.
    Grafvitnir ist eine Ahnen-Schlange, die auf einem goldenen Grabschatz („Ebene") liegt.

Der Herr gab mit offen Händen
und seine Helden ergriffen
Sifs fest-gewachsene Locken,
das Eis der Bogen-Kraft,
das unfreiwilliges Otter-Geld,
das Weinen der Mardöll,
die Feuer-Flamme des Ruders,
und Idis feine Reden.

    Die Göttin Sif trägt Haare aus Gold.
    Die Kraft, die den Bogen spannt, ist der Arm, an dem sich goldene und silberne („Eis") Armreifen befinden.
    Odin, Hönir und Loki mußten für das Töten eines in einen Otter verwandelten Zwerges Gold als Lösegeld zahlen.
    Die Tränen der Mardöll (Freya) sind aus Gold.
    Die „Feuer-Flammen des Ruders" sind eigentlich das „Feuer der Ebene des Ruders", also das „Feuer des Meeres", (die abends im Meer versunkene goldene Sonne).
    Die „Reden des Idi" in dieser Strophe und die „Ratschläge des Thiazi" in der folgenden Strophe sind das, was aus dem Mund dieser beiden Riesen kommt – so wie das ererbte Gold, das sie zusammen mit ihrem Bruder Gangr mit ihren Mündern abmessen mußten.

Die Krieger freuten sich,
wir gingen in feinen Gewändern,

in Thiazis Ratschlägen,
in der Leute Gastgeber – unzählbar,
in des Rheines rotem Metall,
in den Ringen der Nibelungen;
der Führer, Krieg-wagend
wehrte Baldur nicht ab.

„Thiazis Ratschläge" entsprechen „Thiazis Reden".

Das „rote Metall" ist das Gold – hier der am Loreley-Felsen im Rhein versenkte Nibelungenhort.

II 11. Die Saga über Bosi und Herraud

In dieser Saga tritt eine Frau auf, die eine Priesterin werden soll und aus der Sippe des Königs Godmund stammt, der eine Saga-Variante des ehemaligen Gottes Tyr ist. Da sie zudem goldene Haare hat, könnte ihre Schilderung durch die Göttin Sif inspiriert worden sein.

Sie kamen dorthin, wo Jomali saß. Sie nahmen ihm seine goldene Krone, in die zwölf Edelsteine eingelassen worden waren, und eine Kette, die dreihundert Mark wert war, und von seinen Knien nahmen sie einen silbernen Kelch, der so groß war, daß ihn selbst vier Männer nicht leeren konnten. Er war voller rotem Gold.

Jomali ist der Name des baltisch-finnischen Göttervaters. Da es sich hier um eine Wikinger-Saga handelt, wird die Beschreibung des Jomali-Tempels wahrscheinlich weitgehend den Vorstellungen der Wikinger über ihre eigenen Tempel entsprechen.

Aber der wertvolle Baldachin, der über Jomali hing, war mehr wert als die Ladung von drei der reichsten Schiffe, die das Mittelmeer befuhren.
Dies alles nahmen sie für sich selber.
Dann fanden sie einen geheimen Seitenraum in dem Tempel. Vor ihm war eine Steintür, der stark befestigt worden war, und zu deren Aufbrechen sie einen ganzen Tag benötigten, bevor sie hineingehen konnten.
Dort saß eine Frau auf einem Stuhl. Sie hatten noch nie eine schönere Frau gesehen. Ihr Haar, das so schön wie gedroschenes Stroh oder Goldfäden war, war an die Pfosten gebunden worden. Um ihre Hüfte lag ein eisernes Band, das fest verschlossen war.

Die durch eine Steinplatte verschlossene Seitenkammer des Tempels, in der die goldhaarige Frau sitzt, entspricht Menglöd in ihrer „Burg" und Gunnlöd in ihrem „Hügel". Alle diese Frauen sind die Jenseitsgöttin als die Wiederzeugungs-Geliebte der Toten in der Grabkammer des Hügelgrabes.

II 12.   Erd-Heilungszauber aus dem Buch „Lacnunga"

In diesem mittelalterlichen Zauberspruch aus England wird Sif zwar nicht erwähnt, aber er bezieht sich u.a. auf das Wachsen des Getreides.

Dies ist ein Heilmittel, mit dem Du Dein Land verbessern kannst, wenn es nicht gut wächst oder wenn ihm etwas Schädliches durch einen Zauberer oder einen Zaubertrankmischer angetan worden ist.

Nimm des nachts vor der Morgendämmerung vier Grassoden von den vier Seiten Deines Landes und markiere die Stellen, von denen Du sie genommen hast.

Dann nimm Öl und Honig und Hefe und Milch von jedem Tier, das auf dem Land ist und einen Teil von jeder Art von Baum, der auf dem Land wächst außer von den harten Hölzern und zudem einen Teil von allen Kräutern, die mit Namen bekannt sind außer der großen Klette und übergieße sie mit Heiligem Wasser und tröpfle dies auf die Unterseiten der Grassoden und sprich dabei neunmal die Worte:

„Crescite, wachse,
et mulitplicamini und vermehre Dich,
etreplete und fülle Dich,
terre, Erde.

In nomine patris
et filii et spiritus sancti
sit benedeti."

Und danach sprich ebensooft das Vaterunser.

Trage dann die Grassoden in eine Kirche und lasse eine Meßpriester vier Messen über den Soden singen und lasse jemanden die grünen Seiten zum Altar hin wenden und lasse danach, bevor die Sonne untergeht, jemanden die Grassoden wieder dorthin bringen, von wo Du sie genommen hast.

Und laß vier Christus-Zeichen (Kreuze) *aus Ebereschenholz machen und darauf an jedes Ende 'Matthäus und Marcus, Lukas und Johannes' schreiben. Lege das*

Christus-Zeichen auf den Grund der Gruben (die die entnommenen Grassoden hinterlassen haben) *und sprich dabei:*

„*crux Matthäus,*
crux Marcus,
crux Lucas,
crux sanctus Iohannes."

Nimm dann die Grassoden und lege sie auf sie (die Kreuze) *und sprich neunmal die Worte:*

„*Crescite, wachse,*
et mulitplicamini und vermehre Dich,
etreplete und fülle Dich,
terre, Erde.

In nomine patris
et filii et spiritus sancti
sit benedeti."

Und danach sprich ebensooft das Vaterunser.
Wende Dich dannnach Osten, verbeuge Dich neunmal ehrfürchtig und sprich dann diese Worte:

„*Ostwärts stehe ich, um Gnade bitte ich,*
ich bete zu dem Großen Domine, ich bete zu dem Großen Herrn,
Ich bete zu dem heiligen Schutzengel des Himmels-Königreiches,
ich bete zu der Erde und zu dem Himmel
ud zu der wahrhaft sankta Maria
und zu des Himmels Macht und zu des Himmels Halle,
daß ich diesen Galdor (Zauberlied) *durch das Geschenk des Herrn*
mit meinen Zähnen öffnen (sprechen) *und fest sprechen kann,*
daß ich diese Pflanzen für unseren weltlichen Gebrauch hervorufen kann,
daß ich dieses Land mit festem Glauben erfüllen kann,
daß ich diesen Grasboden schön werden lassen kann,
so wie der Weise gesagt hat, daß der reich sein werde, der Almosen
gerecht gibt in der Gnade des Herrn."

Drehe Dich dann dreimal in der Richtung des Sonnenlaufes, strecke Dich dann hoch auf und zähle dann die Litanien auf und sprich anschließend:

„Sanctus, sanctus, sanctus ..." – bis zum Ende.

Singe dann das Benedicte mit ausgestreckten Armen dreimal und ebenso das Magnificat und das Vaterunser und befiehle es (das Land) dann Christus und der Heiligen Maria an und auch dem heiligen Kreuz für deren Lobpreisung und Verehrung und für den Nutzen dessen, dem das Land gehört, und für alle, die ihm dienen.

Wenn dies geschehen ist, lasse einen Mann von Bettlern, denen er sich nicht zu erkennen gibt, Saatgut nehmen und ihnen doppelt soviel zurückgeben, wie er ihnen genommen hat und laß ihn alle seine Pflug-Gerätschaften zusammenholen. Dann laß ihn ein Loch in den Balken (seines Pfluges) bohren und Weihrauch und Fenchel und geheiligte Seife und geheiligtes Salz hineinstecken.

Dann nimm die Saat, lege sie auf den Leib des Pfluges und sprich:

„Erce, Erce, Erce, Erd-Mutter,
Möge Dir der Allherscher, der ewige Herr,
gedeihende und blühende Felder gewähren,
die sich fortpflanzen und die kräftiger werden,
hohe Stiele, glänzendes Getreide,
fülliges Gesten-Korn
und weißes Weizen-Korn
und all der Erde Getreide!
Möge der ewige Herr
und seine Heiligen, die im Himmel sind, ihm gewähren,
daß all seine Ernte gegen welche Feinde auch immer geschützt ist,
daß es gegen jeglichen Schaden geschützt ist,
und auch gegen Gifte, die rings um das Land verstreut werden.
Nun bitte ich den Meister, der diese Welt gestaltet hat,
das keine Zauberspruch-Frau und kein kunstfertiger Mann
diese gesprochenen Worte umstoßen kann."

Dann laß einen Mann den Pflug vorantreiben und die erste Ackerfurche ziehen und sprich:

„Mögest Du heil sein, Erde, Mutter der Menschen!
Mögest Du in Gottes Umarmung wachsen,
erfüllt von Nahrung für das, was die Menschen brauchen."

Nimm dann von jeder Sorte Mehl und laß jemanden ein Brot backen von der Größe einer Handfläche und knete es mit Milch und mit Weihwasser und lege es unter die erste Ackerfurche.

Dann sprich:

„Feld voll von Nahrung für die Menschheit,
hell-blühend, sei gesegnet,
in dem heiligen Namen dessen, der den Himmel geformt hat
und die Erde, auf der wir leben;
Gott, der den Boden erschaffen hat – gewähre uns das Geschenk des Gedeihens,
daß wir alle Korn für uns haben."

Sprich dann dreimal:

„Crescite in nomine patris, sit benedicti."
(Wachse im Namen des Vaters, sei gesegnet.)

Sprich dann:

„Amen."

Und dreimal das Vaterunser.

II 13. Gylfis Vision (1)

In „Gylfis Vision" wird ausdrücklich gesagt, daß der Gott Ullr zwar der Sohn der Sif, aber nicht der Sohn des Thor ist.

Ullr heißt ein Ase, Sohn der Sif und Thors Stiefsohn. Er ist ein so guter Bogenschütze und Schneeschuhläufer, daß niemand sich mit ihm messen kann. Er ist schön von Angesicht und kriegerisch von Gestalt. Bei Zweikämpfen soll man ihn anrufen.

II 14. Harbard-Lied

Im Harbard-Lied wird bestätigt, daß Sif ein uneheliches Kind hat, da Harbard („Graubart" = Odin) den Thor damit verspottet.

Harbard:
„Sif hat einen Buhlen, Du wirst ihn bei ihr finden:
Der erfahre Deine Kraft, das frommt Dir mehr."

II 15. Lokasenna

In der Lokasenna behauptet Loki schließlich, daß er eine Nacht mit Sif verbracht hat. Es ist daher sehr wahrscheinlich, daß Loki der Vater des Ullr ist.

Da trat Sif vor und schenkte dem Loki Met in den Eiskelch und sprach:

„Heil Dir nun, Loki, den Eiskelch reich ich Dir
Firnen Metes voll,
Daß Du mich eine doch von den Asenkindern
Ungelästert lassest."

Jener nahm den Kelch, trank und sprach:

„Du einzig bliebest verschont, wärest Du immer keusch
Und dem Gatten ergeben gewesen.
Einen weiß ich und weiß ihn gewiß,
Der auch den Hlorridi zum Hahnrei machte.
(Und das war der listige Loki.)"

„Zum Hahnrei machen" bezieht sich auf einen Mann und bedeutet, daß ein anderer Mann mit der Frau des Betreffenden Sex gehabt hat.
Die engere Familie der Sif und des Thor sieht somit wie folgt aus:

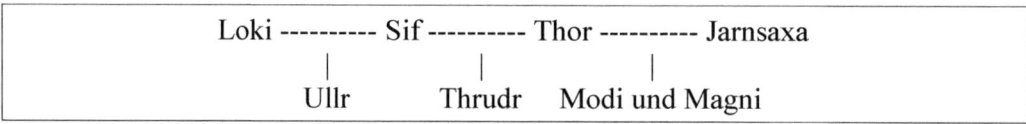

An dieser Kombination ist interessant, daß die Göttin Sif mit zwei der Asen Kinder hat, die Gegner sind: Loki und Thor. Sie repräsentieren Ordnung und Chaos sowie Diesseits und Jenseits. Thor hat um 500 n.Chr. bei der Absetzung des Tyr als Göttervater die Rolle des jungen, wiedergeborenen Tyr übernommen, der einer alten indogermanischen Mythe zufolge seinen eigenen Vater tötet (siehe z.B. Zeus und Kronos). Thor tötet auch seinen Ziehvater Loricus, um dessen Reich zu erhalten.

Sif wird daher einst die Jenseitsgöttin gewesen sein, mit der sich der Sommergott Tyr nach seinem Tod im Herbst vereinte und von ihr dann im Frühjahr (als Ullr) wiedergeboren wurde. Und Sif ist auch die Jenseitsgöttin, mit der sich der Wintergott Loki im Frühjahr vereinte, damit er von ihr im Herbst wiedergeboren werden konnte.

Es gab also einen endlosen Streit zwischen Loki und Tyr um die Herrschaft im Diesseits und um den Besitz der Göttin Freya-Menglöd-Sif. Über dieser Streit wird u.a. auch in einer Freya-Mythe („Hedin und Högni") berichtet, in denen Loki und Heimdall (eine Variante des Tyr) um Freyas Brisingamen kämpfen.

Dieser Streit zwischen den beiden Göttern um die Herrschaft, um die schöne Göttin, um das Wasser und um die Rinder ist eines der zentralen Themen in den Mythen der Indogermanen. Dieses Motiv beschrieb die Entstehung der Jahreszeiten.

Der Schneeschuh-Gott Ullr, der ursprünglich ein Beiname des Tyr gewesen ist, ist die Verkörperung des Winter-Jenseits-Aspektes des Göttervaters Tyr.

Durch das Motiv der Wiederzeugung und der Wiedergeburt ist die Muttergöttin im Jenseits zugleich die Geliebte und die Mutter der Wiedergeborenen. Am deutlichsten wird das Motiv der Wiedergeburt bei Baldur, der nach dem Ragnarök auf die Erde wiederkehrt. Aber auch sein Zwillingsbruder Hödur kehrt zurück und ebenso die Brüder Magni und Modi, die die Söhne des Thor sind. Schließlich kommen noch Widar und Wali, die Söhne des Odin mit der Riesin Grid bzw. der Riesin Rind sind, nach dem Ragnarök auf die Erde zurück.

Aufgrund des Wiedergeburtsmotivs sind diese drei Brüderpaare auch ihr wiedergeborener Vater. Eigentlich sollte man jedoch nur einen einzigen Sohn erwarten, der den wiedergeborenen Vater verkörpert. Das Zwillingspaar muß demnach auch noch eine andere mythologische Wurzel haben.

Am naheliegendsten ist die Vermutung, daß der Göttervater mit seinen beiden Söhnen das Motiv der Wiedergeburt bei den Germanen nachhaltig geprägt hat. Diese beiden Zwillinge des Göttervaters sind aus den beiden Pferden vor seinem Streitwagen entstanden.

Die beiden Erscheinungsformen dieser Zwillinge als Jünglinge und als Pferde war für die Germanen nicht weiter befremdlich, weil sie wie alle Indogermanen den Brauch hatten, bei der Bestattung einen Stier, einen Hirsch, einen Hengst, einen Eber, einen Ziegenbock oder ein anderes Herdentier für den Toten zu opfern, damit dessen Zeugungskraft auf den Toten übertragen wurde und ihm so seine erfolgreiche Wiederzeugung sicherte.

Aufgrund dieser Identifikation wurden die Ahnen im Jenseits zu Rindern, „Gehörnten", Zentauren u.ä. Wenn ein Mensch in einer Erzählung die Gestalt eines Pferdes annahm, ist einem Germanen wahrscheinlich klar gewesen, daß sich dieser Mensch in der Unterwelt befinden muß.

Die Entwicklung des Brüderpaares		
Entwicklungsphase		*Motiv*
Indo-germanen	1. Phase	Der Sonnengott-Göttervater Dyaus (Tyr) fährt in einem zweispännigen Streitwagen über den Himmel.
	2. Phase	Der Göttervater zeugt sich selber mit der Großen Mutter wieder, die ihn anschließend wiedergebiert.
	3. Phase	Die beiden Pferde vor seinem Streitwagen werden als seine Söhne (Alcis) angesehen.
	4. Phase	Die beiden Alcis werden mit dem wiedergeborenen Göttervater identifiziert.
vermutlich während der Völkerwanderungszeit	5. Phase	Die beiden Alcis helfen dem Göttervater im Jenseits und schmieden als Zwerge sein bei seinem Tod zerbrochenes Schwert neu.
	6. Phase	Da Tyr im Jenseits der König der Lebenden ist, wird er auch im Jenseits zum König der Toten: Alberich, Hreidmar, Iwaldi usw.
	7. Phase	Tyr wird zum Zwergenkönig (Zwerge = Totengeister) und seine beiden Söhne zu Zwergen.
vermutlich kurz nach der Völkerwanderungszeit	8. Phase	Tyr, der im Jenseits sein bei seinem Tod zerbrochenes Schwert neuschmiedet (Wieland), überträgt diese Schmiedesymbolik auf seine beiden Alcis-Söhne (Wieland ist auch der König der Zwerge).
	9. Phase	In den Odin-Mythen werden Baldur und Hödur den beiden Alcis-Söhnen des abgesetzten Tyr nachgebildet und in den Thor-Mythen werden Modi und Magni den beiden Söhnen des Tyr nachgebildet.

Der Jahreszeiten-Gegensatz wird jedoch durch die beiden Alcis-Zwillinge, sondern durch ein anders Brüderpaar beschrieben. Es ist denkbar, daß Tyr und Loki als Brüder angesehen worden sind – zumindestens waren Tyrs Nachfolger Odin und Loki Blutsbrüder.

Die Gegensatzpaare in der germanischen Mythologie		
Mythe	*Diesseits* *Sommer* *Tag*	*Jenseits* *Winter* *Nacht*
Urzustand der Welt	Muspelheim (Feuer)	Niflheim (Eis)
Sif	mit Haaren/Getreide	ohne Haare/Getreide
Tyr	zweiarmiger Tyr	einarmiger Tyr
Ragnarök	Baldur	Hödur
Sifs Sippe	Thor	Loki
	Magni/Modi	Ullr
die Freunde Baldur und Ullr	Baldur	Ullr

Es ist somit sehr wahrscheinlich, daß Sif die Unterwelts- und Erdgöttin ist, die sowohl den „Sommergott" als auch den „Wintergott" wiedergebiert.

Die Wiedergeburt des „Sommergottes" wäre dann identisch mit der Wiedergeburt des Getreides, also mit seinem Keimen. Dies entspricht in der Edda dem Fertigen des goldenen Haares der Sif durch die Zwerge Brock und Sindri.

Der Tod des „Sommergottes" ist identisch mit dem Tod des Getreides bei der Ernte. Dies entspricht in der Edda dem Scheren des Haares der Sif durch Loki sowie dem Tod des Baldur.

In der Sippe der Sif wird es im Laufe der Zeit einige Uminterpretationen gegeben haben, die zum einen die Vorrangstellung der Götter gegenüber den Göttinnen sichern und zum anderen alle Gottheiten in einem wohlgeordneten Stammbaum unterbringen sollten.

Entwicklung der Sippe der Sif		
Entwicklungstufe		*Sippenstruktur*
Indogermanen	1. Stufe	Sif ist die Mutter der Toten, des Getreides, der Sonne und der Jahreszeiten; sie gibt ihnen (nach der Bestattung, am Morgen bzw. im Frühjahr) ihre Wiedergeburt.
	2. Stufe	Das Wiedergeburtsmotiv wird auch auf Sif übertragen, wodurch sie als ihre eigene Tochter Thrudr wiedergeboren wird (wie Demeter und Persephone). Sif ist die Getreidemutter.
Germanen vor der Völkerwanderungszeit	3. Stufe	Sif ist die Mutter des Tyr oder des Thor, der in der Regenzeit herrscht, und des Loki, der in der Trockenzeit herrscht. Sif ist die Getreidemutter.
	4. Stufe	Sif ist bei der Wiederzeugung auch die Geliebte des Thor und des Loki, die als ihre Kinder Magni/Modi bzw. Ullr wiedergeboren werden. Sif ist die Getreidemutter.
vermutlich Völkerwanderungszeit	5. Stufe	Sif ist nur noch die Frau des Thor und die Geliebte des Loki, aber nicht mehr deren Mutter. Sif ist die Getreidemutter.
	6. Stufe	Loki als Gott des Chaos wird zur Ursache für den Ragnarök, den Winter und Sifs Verlust ihrer Haare. Sif ist die Getreidemutter.

Wahrscheinlich ist die Riesin Jarnsaxa, mit der Thor die Kinder Modi und Magni hat, identisch mit Sif. Jarnasxas Name, der „Eisenmesser" bedeutet, könnte evtl. ein Hinweis auf die Sense beim Ernten sein – aber das ist sehr unsicher.

II 16. Hymir-Lied (2)

Die Annahme, daß Sif einst die Wiederzeugungs-Geliebte und die Wiedergeburts-Mutter des Tyr gewesen ist, wird dadurch bestätigt, daß Tyrs Mutter, d.h. die Frau des Tyr-Riesen Hymir, goldenes Haar und weiße (helle) Brauen hat:

Eine andre kam   /   allgolden hervor,
Weißbrauig, und brachte   /   das Bier dem Sohn.

II 17. Gesta danorum

In der „Geschichte der Dänen" wird an einer Stelle die römische Korngöttin Ceres genannt. Vermutlich ist dies jedoch einfach ein Bild aus den Vorstellungen des klassisch gebildeten Mönches Saxo des Schriftkundigen, der diese „Geschichte" verfaßt hat, und nicht eine Übersetzung von „Sif".

Er lehnte den Met ab und trank den vergorenen Trank der Ceres.

II 18. Beowulf-Epos

Das Beowulf-Epos wurde um 750 n.Chr. in England von den (germanischen) Angelsachsen niedergeschrieben und ist der älteste aller längeren erhaltenen germanischen Texte.

Im Beowulf-Epos findet sich an zwei Stellen das Wort „Sibb", das die angelsächsische Variante von „Sif" ist. Im Beowulf-Epos tritt dieses Wort im Singular auf, während dieses Wort 450 Jahre später im Altnordischen nur noch als Plural vorkommt – außer wenn es die Göttin Sif bezeichnet.

In der ersten Szene wird beschrieben, daß die Edlen einschließlich des Beowulf bei allem, was sie tun, auch immer an ihre Verwandten denken. Hier wird „Sibb" recht deutlich im Sinne eines Kollektivs, also als „Sippe" benutzt.

hiora in ánum wéoll	Nur einem bedrückte
sefa wið sorgum	Sorge das Herz,
sibb' aéfre ne mæg	denn der **Sippschaft** Pflichten
wiht onwendan þám ðe wél þenceð	sind eingedenk immer die Edelgesinnten.

In der zweiten Szene wird eine Fürstin „Friedens-Sibb" genannt. Hier ist „Sibb" anscheinend lediglich ein Begriff, der eine (vermutlich verheiratete) Frau bezeichnet. Es ist allerdings nicht sicher auszuschließen, daß die Fürstin hier als „Friedens-Sif", d.h. als „Friedens-Göttin" umschrieben worden ist.

Hwílum maéru cwén	Die Halle durchschritt
friðu**sibb** folca flet eall geondhwearf	die Fürstin oft, die Friedens**frau**,
bædde byre geonge.	die Helden ermunternd.

Im Beowulf ist anhand dieser zwei Stellen zu erkennen, daß „Sif" um 750 n.Chr. sowohl „(Ehe-)Frau" als auch „Sippe" bedeuten konnte. Diese beiden Stellen weisen jedoch nicht auf einen Göttinnennamen „Sif" bei den Angelsachsen hin.

II 19.   Exeter-Buch: Widsith

Um ca. 970 n.Chr. ist in England das Exeter-Buch niedergeschrieben worden, das viele deutlich ältere Texte enthält, zu denen auch das Lied „Widsith" („Weit-Fahrender") gehört, das nach dem Skalden, der es verfaßt hat benannt worden ist.

In diesem Lied erscheint Tyr unter seinem Beinamen „Heidrek" („Lichtkönig"), der in angelsächsischer Form „Heathoric" leutet, und wird bereits als ein König aufgefaßt. Der Name erscheint in einer sehr langen Liste von Königen, an deren Hof Widsith (angeblich?) schon gewesen ist.

Ich besuchte Secca und Becca, Seafola und Theodric,
Heathoric und Sifeca, Hlith und Incgentheow.

Die vier Namen in der zweiten Zeile gehören zusammen und sind auch aus anderen Quellen bekannt:

- Heathoric   = Heidrek   = König Heidrek
- Sifeca   = Sifka   = Heidreks Frau
- Incgentheow = Angantyr   = Sohn des Heidrek und der Sif
- Hlöd   = Hlith   = Sohn des Heidrek und der Sif

Da König Heidrek eine der vielen Sagen-Varianten des ehemaligen Göttervaters Tyr ist, liegt es nahe, seine beiden Söhne als Umdeutungen seinen beiden Pferde-Söhne (Alcis) und seine Frau Sifca als eine Übertragung des Göttinnennamens „Sif" in den Sagen-Bereich aufzufassen.

„Heathoric und Sifca" ist die angelsächsische Variante von „Tyr und Sif". Da sich Odin und Thor nach der Absetzung des Tyr als Göttervater die Beute dieses Sieges geteilt haben, ist Sif offenbar als Anteil an Thor gefallen. Tyr ist dabei nur als Sohn Ullr der Sif (wiedergeborener Tyr) erhalten geblieben, während Loki, der sich mit Tyr endlos um die Göttin gestritten hat, nur noch als Seitensprung der Sif weiterbestanden hat. Beide Umdeutungen sind dann zu Loki als dem Vater des Ullr kombiniert worden.

II 20. Die Saga über Hervor und König Heidrek den Weisen

Heidrek (Tyr) und Sifka (Sif) erscheinen noch einmal in einer der altnordischen Sagen.

Als König Heidrek daheim war, wollte er Sifka fortführen und nahm spät am Abend sein bestes Roß. Da kamen sie zu einem Fluß. Dort wurde sie zu schwer für das Pferd, sodaß es zusammenbrach und starb. Da mußte er sie über den Fluß tagen. Da kamen sie an eine Stelle in der Strömung, die so stark war, daß Heidrek keine andere Möglichkeit hatte, als sie von seinen Schultern zu stoßen, woraufhin sie ihr Genick brach und tot von ihm fort flußabwärts trieb.

Der Fluß in dieser Szene könnte der Jenseitsfluß sein, aber dies ist unsicher, auch wenn König Heidrek eine der Sagen-Varianten des Tyr ist, der einst als Sonnengott-Göttervater morgens und abends den Jenseitsfluß überquert hat.

II 21. Skaldskaparmal (7)

In den Kenningar-Listen im Skaldskaparmal wird für die Göttin Sif die Umschreibung „Mutter der Thrudr" angeführt. In denselben Listen findet sich auch die Kenning „Vater der Thrudr" für Thor. Sif und Thor haben folglich zusammen eine Tochter mit dem Namen „Thrudr", der „Stärke" bedeutet.

Innerhalb von Sifs Sippe könnte ihre Tochter Thrud die wiedergeborene Sif sein. Die Übertragung der Symbolik von Wiederzeugung und Wiedergeburt, die einen großen Teil der Mythologie prägt, auch auf die Muttergöttin selber wäre nicht verwunderlich, auch wenn sie nicht mehr der ursprünglichen Symbolik entspricht.

Am deutlichsten zeigt sich diese Form der Übertragung darin, daß die Sonnengöttin, die beim Ragnarök vom einem Wolf gefressen wird, vorher noch eine Tochter gebiert, die dann nach dem Tod der Sonnengöttin über den Himmel zieht.

Da die wiedergeborene Göttin aus einer Verallgemeinerung der Wiedergeburtssymbolik auf die Göttinnen selber entstanden ist und nicht aus dem ursprünglichen Motiv der Wiedergeburt der Toten durch die Göttin, sind Göttinnen-Töchter, die nicht nur aus dem Bemühen entstanden sind, alle Gottheiten in einer Gesamt-Sippenstruktur zusammenzufassen, in der germanischen Mythologie sehr selten.

(Siehe dazu auch das Kapitel „Inzest" in Band 51, in dem die Entstehung des Motivs der gemeinsamen Wiedergeburt von Gott und Göttin beschrieben wird.)

| Das Verhältnis zwischen der Göttin und ihrer Tochter ||
Göttin	*Tochter (wiedergeborene Göttin)*
Sif	Thrud
Sonnengöttin	Sonnentochter
Meeres- und Unterweltsgöttin Ran	die neun Töchter der Ran
(Griechen: Demeter)	(Griechen: Persephone)

II 22. Eysteinn Voldason

Ungefähr um 1.000 n.Chr. verfaßte der Skalde Eysteinn Voldason einige Verse, in der Sif, Thor, Ullr und Thrudr sowie ihre verwandtschaftlichen Verhältnisse in Kenningarn benutzt wurden.

Thor wird nacheinander „*Sifs Gatte*", „*Thrudrs Vater*" und „*Ullrs Stiefvater*" genannt. Es ist beachtenswert, daß der Skalde Eystein in diesem Lied darauf bedacht war, diese drei Thor-Kenningar in der Reihenfolge zu benutzten, in der man auch in einem normalen Gespräch die Familienangehörigen eines Mannes aufzählen würde: erst die Frau (Sif), dann die ehelichen Kinder (Thrudr) und schließlich die Stiefkinder (Ullr).

Sifs Gatte bereitete schnell sein Fischerei-Gerät
zusammen mit dem Alten.
Wir wissen, wie man
den Fluß in Hrimnirs Horn rühren muß.

„*Sifs Gatte*" ist Thor. Der „*Alte*" ist der Riese Hymir.
„*Hrimnirs Horn*" ist das Metgefäß des Riesen Hrimnir. Der „*Fluß des Mets*" ist das Fließen des Lebens, aber auch der Dichtermet und somit das fließende Verfassen der Verse. „*Wir wissen, wie man den Fluß in Hrungnirs Horn rühren muß*" bedeutet somit schlicht und bescheiden, daß sich Eysteinn für einen guten Skalden hält.

Thrudrs Vater starrte durchdringend
auf den Ring des steilen Weges,
als die Heimstatt des Fisches
gegen das Boot brandete.

„Thrudrs Vaters" ist Thor. Der *„steile Weg"* sind die Udgard-Berge rings um das Weltmeer, in dessen Mitte Midgard, die Welt der Menschen liegt. *„Der Ring des steilen Weges"* ist die Midgartschlange, die rings um Midgard kreisförmig im Meer liegt. Die *„Heimstatt des Fisches"* ist das Meer.

Der Fisch der Erde reagierte so heftig,
daß die breite Bootseite vorwärts gezerrt wurde,
und die Fäuste von Ullrs Stiefvater
gegen den Bord am Bug geschlagen wurden.

Der *„Fisch der Erde"* ist Jörmungandr, die Midgartschlange. Diese Bezeichnung bezieht sich genauso wie *„Schlange der Erde"* darauf, daß diese Riesenschlange auf dem Meeresboden, also auf der Erde liegt, und daß sie zudem die gesamte Erde als Kreis umgibt.

II 23. Alwis-Lied

Im Alwis-Lied wirbt ein Zwerg um eine nicht mit Namen genannte Tochter des Thor, die vermutlich Thrudr sein wird, da nirgendwo eine andere Tochter des Thor erwähnt wird. Untypischerweise fordert Thor den Zwerg Alwis daraufhin zu einem Rätselwettkampf statt zu einem Hammerkampf heraus. Thor zieht den nächtlichen Rätselstreit solange hinaus, bis den Zwerg ein Sonnenstrahl trifft und er deshalb zu Stein erstarrt. Eigentlich wäre eine solche List eher von Odin zu erwarten …

Es ist denkbar, daß hier eine Assoziation zwischen Sif und Thrudr sowie eine Assoziation zwischen Alwis und den Zwergen, die Sifs goldenes Haar fertigten, besteht. Die Grundlage für diese Assoziation wäre dann das Motiv der Wiederzeugung – auch Freya schlief mit den vier Zwergen, die ihr ihre Kette Brisingamen fertigten.

Falls diese Annahme zutrifft, wäre Thors Spott, daß Alwis wohl so bleich ist, weil er bei Leichen gelegen hat, mehr als nur Spott, sondern eine Anspielung auf die Wiederzeugung und natürlich auch darauf, daß die Zwerge eben Totengeister sind („Dwergaz" = Totengeist).

Dem Alwis-Lied könnte ein älteres Lied zugrundeliegen, in dem Odin der Rätselsteller, die Muttergöttin Sif die umworbene Braut im Jenseits war gewesen ist und Alwis symbolisch für alle Toten im Jenseits gestanden hat. Diese Szene würde dann u.a. Svipdags Reise zu Menglöd, Odins Reise zu Gunnlöd und Freyrs Werbung um die Riesin Gerda entsprechen: die Suche nach der Göttin im Jenseits, mit der sich die Toten im Jenseits wiederzeugten.

Diese Suche wurde von den Skalden im Alwis-Lied und teilweise auch im Fiölswin-

Lied als Rahmenhandlung benutzt, in die sie die Fragen und Antworten über das mythologische Wissen eingefügt. Diese Wissens-Lieder wurden von den Skalden vermutlich u.a. zur Erleichterung des Auswendiglernens der ganzen Mythen während ihrer Ausbildung verfaßt.

Mit der Zeit wurde dieses Wissen selber zu dem Schlüssel für den Zugang zu der Göttin im Jenseits – vielleicht in Analogie zu der Ausbildung der Skalden und Priester. Solche Wissensgedichte finden sich mehrfach in der Edda. Auch die Dichtkunst-Lehre „Hattatal" am Ende der Edda ist nach diesem Frage-Antwort-Schema aufgebaut.

Das vermutete Ersetzen des Odin durch Thor in diesem Rätsel-Lied wäre ein Hinweis darauf, daß das Alwis-Lied in Island zu der Zeit entstanden ist, als Thor dort bereits der mit großem Abstand wichtigste Gott geworden war. Diese Vorrangstellung des Thor könnte am besten das Thor-unübliche Thema eines Rätselwettstreits in dem Alwis-Lied erklären, denn zu dieser Zeit wurden auf Thor die guten Eigenschaften aller Asen übertragen. Normalerweise benutzt Thor seinen Hammer, um Meinungsverschiedenheiten zu klären …

Sehr wahrscheinlich ist Alwis ein Tyr-Zwerg, also eine Variante der vielen Tyr-Riesen, die von Thor erschlagen werden und eine Erinnerung an die Absetzung des Tyr durch Thor und Odin um 500 n.Chr. sind.

Letztlich geht die Brautwerbung des Alwis um Thrudr über die Ehe zwischen Heidrek und Sifka auf die Wiedergeburt des Tyr durch Sif-Freya-Menglöd zurück.

Tyr und Sif			
Mythe		*die beiden Gottheiten*	
Zeit	*Thema*	*Gott*	*Göttin*
bis 500 n.Chr.	Wiedergeburt	Tyr	Freya-Sif-Menglöd
Völkerwanderungszeit	Ehe	Heidrek	Sifka
nach der Völkerwanderungszeit	Mutter/Sohn	Ullr	Sif
	Brautwerbung	Alwis	Thrudr Sif-Tochter

Diese Brautwerbungs-Szene wird im Alwis-Lied als Einleitung für einen Wissens-Wettstreit benutzt.

Alwis:
„Gedeckt sind die Bänke: so sei die Braut nun
Mit mir zu reisen bereit.
Für allzuhastig hält man mich wohl;

Doch daheim: wer raubt uns die Ruhe?"

Thor:
„Wer bist Du, Bursche? Warum so bleich um die Nase?
Hast Du bei Leichen gelegen?
Vom Thursen ahn ich etwas in Dir:
Bist solcher Braut nicht geboren."

Die beiden letzten Zeilen zeigen, daß für die Germanen Zwerge und Thursen (Riesen) letztlich dieselbe Kategorie von Wesen waren: Wesen aus Udgard, also aus der Unterwelt, d.h. Totengeister.

Alwis:
„Alwis heiß ich, unter der Erde
Steht mein Haus im Gestein.
Warnen will ich den Wagenlenker:
Breche niemand festen Bund."

Das Haus des Zwerges befindet unter der Erde, weil er ein Wesen der Unterwelt ist. Sein Haus ist letztlich das Hügelgrab, das aus Felsen erbaut (*„im Gestein"*) und dann mit Erde bedeckt wurde (*„unter der Erde"*).
Der *„Wagenlenker"* ist der Donnergott Thor, dessen Streitwagen von zwei Ziegen gezogen wurde.
„Alwis" bedeutet „Alles-Wissender". Der Name des Zwerges entspricht recht genau Odins Namen „Fiölswin", der „Viel-Wissender" bedeutet. Da die Lieder der Germanen von ihren Skalden verfaßt worden sind, deren Aufgabe darin bestand, die gesamte in Versform verfaßte Mythologie und Geschichte der Germanen auswendig zu lernen, also sozusagen „alles zu wissen", sind solche Namen wie „Alwis" in den Skaldenliedern nicht verwunderlich. Diese Namen sind sozusagen aus dem beruflichen Selbstverständnis der Skalden entstanden. Da Odin oft die Beinamen des Tyr übernommen hat, könnte „Alwis" auch schon ein Beiname des ehemaligen Göttervaters Tyr gewesen sein.
Im letzten Vers weist Alwis daraufhin, daß ihm die Tochter des Thor fest versprochen worden ist.

Thor:
„Ich will ihn brechen: die Braut hat der Vater
Allein zu gewähren Gewalt.
Ich war nicht daheim, da sie Dir verheißen ward;

Kein anderer der Götter gibt sie."

Es scheint so, als ob Thrud dem Alwis von jemand anderem, vermutlich von deren Mutter Sif, versprochen worden ist – was Thor jedoch kurzerhand für null und nichtig erklärt. Die patriarchale Familienordnung der Germanen zur Zeit der Edda ist hier offensichtlich.

Das von Sif gegebene Versprechen, ihre Tochter dem Tyr-Zwerg Alwis zur Frau zu geben, ist noch sehr nahe an der Ehe zwischen Tyr-Heidrek und Sifka.

Alwis:
„Wer ist der Recke, der sich rühmt zu schalten
Über die blühende Braut?
Als Landstreicher lästert Dich niemand:
Wer hat Dich mit Ringen beraten?"

Alwis zweifelt die Autorität des Thor an und will zunächst einmal wissen, wer er eigentlich ist. Die Anspielung auf den Landstreicher soll wohl bedeuten, daß Alwis keinen Streit mit Thor will und ihn zu beruhigen versucht, indem er ihm sagt, daß er ihm nichts vorwirft, aber sich der Autorität des Thor in Bezug auf Thrudr versichern will. Alwis spricht Thor allerdings schon vorher mit „Wagenlenker" an und weiß folglich, wen er vor sich hat – hier ist der Skalde, der dieses Lied verfaßt hat, ein wenig unaufmerksam gewesen …

Die Ringe des Thor sind vermutlich sein Herrschaftszeichen.

Thor:
„Wingthor heiß ich, der weitgewanderte,
Sidgranis Sohn.
Wider meinen Willen erwirbst Du das Mädchen nicht
Noch jemals das Jawort."

„Wingthor" bedeutet „der (seinen Hammer) schwingende Thor".

„Sidgrani" ist ein Beiname des Odin und bedeutet „der mit dem langen Schnauzbart".

Alwis:
„So wünsch' ich denn Deine Bewilligung
Und das Jawort zu gewinnen.
Besser zu haben als zu entbehren
Ist mir das mehlweiße Mädchen."

Thor:
„Des Mädchens Minne mag ich Dir,
Weiser Gast, nicht weigern,
Kannst Du aus allen Welten mir kund tun
Was ich zu wissen wünsche."

Alwis:
„Versuch es, Wingthor, da Du gesonnen bist
An des Zwerges Wissen zu zweifeln.
Alle neun Himmel hab ich durchmessen
Und weiß von allen Wesen."

II 24.   Thorsdrapa

In der Thorsdrapa („Lobpreisung des Thor") des Skalden Eilifr Godrunason, der um ca. 1.000 n.Chr. lebte, wird Thor mit *„der, den es heftig nach Thrudr verlangt"* umschrieben.

Dies klingt eigentlich eher wie die Sehnsucht nach der Geliebten und nicht nach dem Vermissen einer Tochter. Diese Stelle ist ein Indiz dafür, daß Sif und ihre Tochter Thrudr dieselbe Göttin sind. Diese Differenzierung in Mutter und Tochter könnte aufgrund des Umstandes, daß durch die Wiederzeugungs- und Wiedergeburtssymbolik die Geliebte (Wiederzeugung) später die Mutter (Wiedergeburt) wird, entstanden sein. Möglicherweise hat der Skalde Eilifr Thrudr als die Geliebte des Thor bei der Wiederzeugung und Sif als die Mutter bei seiner Wiedergeburt angesehen.

II 25.   Gylfis Vision (2)

In „Gylfis Vision" wird beschrieben, daß Thor auf dem „Thrudvangr", also auf den „Thrudr-Feldern" wohnt, auf denen seine Halle Bilskirnir („Blitzstrahl") steht.

Und als Thor diese Rede hörte, griff er nach seinem Hammer und hob ihn in die Luft; als er aber zuschlagen wollte, sah er Udgardloki nirgends mehr. Er wandte sich zurück nach der Burg und gedachte sie zu brechen: da sah er weite und schöne Felder vor sich, aber keine Burg. Da kehrte er um und zog seines Weges bis er wieder nach Thrudwang kam.

Eine Benennung des Wohnortes des Donnergottes nach seiner Tochter ist eigentlich kaum zu erklären. Der Name „Thrudr-Felder" für den Wohnort des Thor ergibt hingegen durchaus Sinn, wenn man davon ausgeht, daß Sif und Thrudr ursprünglich die Erd-, Mutter und Jenseitsgöttin gewesen ist, die die Toten und die Götter wiedergebar. In Bezug auf Thor sollte dann der Name „Thrudr" und nicht „Sif" die Göttin als Geliebte des Donnergottes bezeichnet haben.

Diese Schlußfolgerung stimmt mit der Deutung der Bezeichnung des Thor als *„der, den es heftig nach Thrudr verlangt"* in der Thorsdrapa überein.

Thrudvangr als Wohnort des Thor wird auch im Hrungnir-Lied, im Grimnir-Lied, in der Heimskringla u.a. erwähnt. Thrud ist offensichtlich ursprünglich eng mit Thor verbunden gewesen – vermutlich als Muttergöttin im Jenseits und nicht als seine Tochter.

Es wäre gut denkbar, daß auch Thrudr wie Sif als Erdgöttin angesehen wurde, da sie dem Ort, an dem Thor seine Halle errichtet hat, den Namen gab: „Thrudr-Felder".

Sif und ihre Tochter Thrudr sind mit großer Wahrscheinlichkeit ursprünglich dieselbe Göttin gewesen.

II 26. Grimnir-Lied

Im Grimnir-Lied heißt eine der Walküren „Thrudr". Es ist zumindestens denkbar, daß die Thors-Tochter und diese Walküre identisch sind, da der Met, den die Walküren den toten Kriegern in Walhalla reichen, letztlich die Milch der Muttergöttin ist und als Wiederstillen die Motive der Wiederzeugung und der Wiedergeburt ergänzt.

Zudem besitzen die Walküren Schwanenhemden, mit deren Hilfe sie sich in Schwäne (Fylgia = Seelenvogel) verwandeln können. Die Göttin Freya, die die Göttin als Geliebte bei der Wiederzeugung verkörpert, besitzt ein entsprechendes Falkenhemd. Der Muttergöttin als der Mutter der Seelenvögel ist schon in der Jungsteinzeit die Gestalt eines Vogels zugeschrieben worden: der Muttervogel gebiert die Seelenvögel.

Wenn diese Vermutungen zutreffen sollten, wären Sif und Thrudr letztlich Aspekte der einen „Großen Mutter".

Im Grimnir-Lied heißt es über die Walküren:

Hrist und Mist sollen das Horn mir reichen,
Skeggöld und Skögul, Hlöck und Herfiötur,
Hild und Thrud, Göll und Geiröul;
Randgrid und Rathgrid und Reginleif
Schenken den Einherjern Ael.

Die „*Einherjer*" sind die toten germanischen Krieger, die in Odins Saal Walhalla bei ihm zu Gast sind. „Einherjer" bedeutet „Einzelkämpfer". Der ursprüngliche Sinn des Wortes war jedoch „Ekstasekämpfer", womit die Berserker („Bärenfell-Männer") und die Ulfhedinn („Wolfsfell-Männer") gemeint sind.

<u>II 27. Kenningar</u>

Es gab noch einige weitere Kenningar, die den Charakter der Sif beschreiben.

Sif-Kenningar

Bezeichentes	*Kenning*	*Kommentar*	*Skalde*	*Text*
Erde	*Sif*	Korngöttin	Snorri Sturluson	Thulur
Sif	*Gerstenlockige Frau des Thridi*	Frigg ist hier entweder identisch mit Sif oder sie ist blond; Thridi = Odin (Tyr?)	Hallfredr	Skaldskaparmal
Loki	*Verletzer der Haare der Sif*		Snorri Sturluson	Skaldskaparmal
Sif	*Schönhaar-Asin*		Snorri Sturluson	Skaldskaparmal
Wolf	*Sif-Soti*	Sif = (Jenseits-) Göttin; Soti = Pferd; Hel ritt auf ihrem Bruder Fenrir	Halldor Nicht-Christ	Eiriksflokkr
Walküre	*Ring-schüttelnde Sif*	Sif = Göttin; Ringe schütteln = Todesankündigung	Bragi Boddason der Alte	Ragnarsdrapa
Frau	*frische Sif-Sorgerin des goldenen Feuers der Flut*	die Asin Sif sorgt sich um den gefesselten Loki und pflegt ihn	Steinn	(Skaldskaparmal)
Frau	*Seiden-Sif*	schöner Reim: „Sif silkis"	Rögnvaldr-Jarl Kali Kolsson	Lausavisur
Haar	*Goldener Schleier*		Gisli	Gisli-Saga
Haar	*tiefes, Tau-genetztes Stirn-Gras*		Kormak	Kormak-Saga

An neuen Aspekten findet sich dabei, daß Sif auch in Kenningarn für die Jenseitsgöttin Hel und weiterhin auch (wie ihre Tochter Trudr) in Kenningarn für Walküren benutzt werden konnte. Das bedeutet zwar nicht viel, da fast alle Göttinnen in Kenningarn für andere Göttinnen verwendet werden konnten, aber es zeigt immerhin, daß nichts dieser Assoziation wiedersprochen hat.

Die Auffassung der Sif als „Frau des Thridi" ist ungewöhnlich, da es sich bei Thridi um Odin handelt. Offenbar hat er diesen Titel von dem ehemaligen Göttervater Tyr übernommen, der der Mann der Sif gewesen ist.

Es werden auch noch einmal Sifs schöne Haare betont.

Die Umschreibung „*Gersten-lockig*" für Sif ist zwar zunächst einmal nur eine Kenning für „goldenes Haar", aber die Verwendung des Begriffes „Gerste" könnte hier doch auch ein Hinweis darauf sein, daß man Sif als Korngöttin aufgefaßt hat.

II 28. Die Saga über Yngvar den Fern-Reisende

In dieser Saga trifft Yngvar am Oberlauf eines Flusses auf eine Stadt mit einer Festung aus weißem Marmor, die von einer Königin mit dem Namen „Silkisif", d.h. „Seiden-Sif" beherrscht wird.

Dieser Name ist auch eine Kenning für „Frau" die auch von dem Skalden Rögnvaldr-Jarl Kali Kolsson benutzt worden ist (siehe den vorigen Abschnitt II 26.).

Es gibt keinerlei Hinweise in der Beschreibung der Königin auf ein besonderes Verhältnis zum Getreide o.ä.

Yngvar folgte nun viele Tage lang dem Fluß. Dann kamen Städte und große Gebäude in Sichtweite und schließlich sahen sie eine prächtige Festung, die aus weißem Marmor erbaut worden war. Als sie sich der Festung näherten, sahen sie eine große Ansammlung von Männern und Frauen.

Sie wunderten sich über all die Schönheit, die sie dort sahen, über die Anmut der Frauen, denn viele von ihnen waren über die Maßen schön. Doch eine unter ihnen übertraf alle anderen an Schönheit und an Kleidung. Diese edle Frau gab Yngvar und seinen Männern ein Zeichen, daß sie kommen und sich mit ihr treffen sollten.

Da ging Yngvar von seinem Schiff und traf sich mit der edlen Frau.

Sie frug, wer sie seien und was sie täten, aber Yngvar sagte nichts, denn Yngvar wollte herausfinden, ob sie andere Sprachen sprechen konnte. Und es zeigte sich, daß sie Latein, Germanisch, Nordisch und Russisch sowie viele andere Sprachen, die im Osten benutzt wurden, sprechen konnte.

Doch als Yngvar erfahren hatte, daß sie diese Sprachen sprechen konnte, sagte er ihr seinen Namen und frug nach ihrem und danach, welchen Rang sie habe.

„Ich werde Silkisif genannt," sagte sie, „und ich bin die Königin dieses Landes und Reiches."

Sie lud Yngvar zusammen mit allen seinen Gefährten zu sich in die Stadt ein.

Das nahm er an.

Und die Leute der Stadt ergriffen ihre Schiffe mit der ganzen Takelage und trugen sie in die Stadt.

Yngvar wählte eine Halle für seine Männer aus, in der sie bleiben sollten und verschloß sie sorgfältig, da die ganze Umgebung voller Heidentum war. Yngvar warnte sie davor, sich mit den Heiden einzulassen, und verwehrte jeder Frau außer der Königin den Eintritt.

Einige seiner Männer achten nur wenig auf diese Warnung, woraufhin er sie töten ließ – danach wagte es niemand mehr, seine Befehle zu mißachten.

Yngvar blieb den Winter über als Ehrengast dort und die Königin saß jeden Tag zusammen mit ihren weisen Männern und ihren Ratgebern mit ihm zusammen und sie sprachen über viele Dinge.

Yngvar erzählte ihr immer wieder über den allmächtigen Gott und dieser Glaube gefiel ihr.

Sie liebte Yngvar so sehr, daß sie ihm ihr ganzes Königreich und den Titel des Königs anbot und sich schließlich selber ihm anbot, wenn er bleiben würde, aber er erklärte ihr, daß er zunächst die Länge des Flusses erforschen wolle und daß er ihr Angebot danach annehmen würde.

Diese Schilderung erinnert an das von Saxo grammaticus berichtete Treffen zwischen Thorkill und Godmund, das auch im Osten, d.h. im Jenseits stattfand und bei dem es den Tod bedeutete, wenn man sich mit einer der Frauen dort einließ. Dies Motiv ist eine Umdeutung der Wiederzeugung: Aus der Vereinigung des Toten mit der Jenseitsgöttin, die zu der Wiedergeburt des Toten führte, wurde bei Saxo grammaticus die Vereinigung mit einer Frau, die zu dem Tod führte, und in der Yngvar-Saga schließlich der mit dem Tod bestrafte Kontakt mit einer Nicht-Christin.

Da Sif als Korngöttin auch eine Erdgöttin ist, ist anzunehmen, daß sie auch eine Jenseitsgöttin gewesen ist. Daher könnte die Königin Silkisif eine Sagen-Variante der Göttin Sif sein – zumal in Sagen die Göttinnen der Mythen oft zu Königinnen werden.

II 29. schwedische Folklore

In Schweden wurde die Göttin Sif noch im 19. Jahrhundert als „godmor", d.h. als „gute Mutter" bezeichnet. Dieser Name paßt gut zu der bisherigen Deutung der Sif als Mutter-, Erd-, Korn- und Jenseitsgöttin.

II 30. Goldenes Frauenhaarmoos

Goldenes Frauenhaarmoos

Das „Goldene Frauenhaarmoos" (polytrichum aureum, politrichum communis) wurde früher „Sifjar Haddr", also „Sifs Haar" genannt. In Island heißt diese Pflanze hingegen „Freyjuhar", also „Freyas Haar". Diese beiden Namen des Mooses bestätigen die Annahme, daß Sif und Freya sowie ebenso auch Thrud, Gunnlöd, Gerdr und einige andere dieselbe Göttin gewesen sind.

Diese Pflanze wurde in einigen Gegenden auch „Güldenhaarmoos" und seltener auch „Güldensternmoos" genannt.

Das Goldene Frauenhaarmoos gehört zu den „Widertonmoosen". Dieser Name geht auf „<u>Mittel</u> wider das jemandem etwas An<u>tun</u>" zurück, der „Gegenmittel gegen das magische Schädigen" bedeutet. Dieses Moos wurde benutzt, um bösen Zauber abzuwehren, was gut zu der Auffassung dieses Mooses als Pflanze der hilfreichen Göttin Sif-Freya und auch zu den Heilerin-Göttinnen Menglöd und Eir paßt.

Auch der englische Name dieses Mooses ist mit Haaren assoziiert: „awned hair-cap moss", zu deutsch: „grannentragendes Haarnetz-Moos". Als „Grannen" werden vor allem die langen schmalen „Stiele" oben auf den Körnern der meisten Getreidesorten bezeichnet. Das „Haarnetz" in dem englischen Namen dieses Mooses ist sicherlich von dem „Haar" in den älteren Bezeichnungen hergeleitet worden. „Goldenes Moos mit Grannen" kann eigentlich ursprünglich nur eine Umschreibung für „Getreide" gewesen sein – das das „Haar der Sif" gewesen ist.

Der Grund für die Übertragung der Getreidesymbolik auf das Moos wird wohl in der Freude der Germanen am Erfinden immer neuer Kenningar zu suchen sein. Da das Getreide als das Haupthaar der Erdgöttin Sif angesehen wurde, ist das Moos mit den goldenen „Kronen" (siehe Abbildung) möglicherweise analog dazu als das Haar auf der Haut der Göttin Sif aufgefaßt werden.

Der Name dieser Pflanze wird sich in etwa wie folgt entwickelt haben:

Goldenes Frauenhaarmoos			
===> *Zeit* ===>			
Freyas Haar Sifs Haar	Goldenes Frauenhaarmoos	Güldenhaarmoos	Güldensternmoos
			grannentragendes Haarnetz-Moos
	Wider-das-Antun-Moos		

II 31. Die Namen „Sif" und „Freya"

Der Name Freya geht über „Freundin, Freundliche, Friedliche" letztlich auf das indogermanische „Priheh" für „Herrin" zurück. Dieses Wort ist wiederum eine Ableitung von dem altägyptischen Lehnwort „per" für Haus, das heute vor allem noch aus dem Titel „Pharao" („per-aa"), der „Großes Haus" bedeutet, bekannt ist. Freya ist somit eine „Frau aus demselben Haus", d.h. eine Verwandte.

Die beiden Namen „Sif" und „Freya" haben also dieselbe Bedeutung: „Frau aus der eigenen Sippe".

II 32. Jacob Grimm: Deutsche Mythologie

Das gothische sibja, althochdeutsch sippia, sippa, angelsächsisch sib, genitiv sibbe bedeuten friede, freundschaft, verwandtschaft; ich folgere daraus eine gottheit Sibja, Sippia, Sib, der altnordischen Sif, genitiv Sifjar, Thôrs gemahlin entsprechend, denn auch der altnordische plural sifjar drückt aus cognatio, sifi amicus (althochdeutsch sippio, sippo), sift genus, cognatio.

Diesem wortsinn nach scheint Sif, gleich Frigg und Freyja, göttin der schönheit und liebe; wie eigenschaften des Oðinn und Thôrr zusammenstimmen, haben auch ihre frauen Frigg und Sif gemeinsame bedeutung.

Sif heißt in der edda die schönhaarige „it hârfagra goð", und das gold „Sifjar haddr" (Sifae peplum), weil ihr Loki das haar abschnitt und hernach ein neues, schöneres aus gold geschmiedet wurde.

Auch ein kraut, polytrichum aureum, führt den namen „haddr Sifjar". die erklärer sehen hierin die vom feuer verbrannte wieder aufwachsende goldne frucht der erde und halten Sif zu Ceres, zu der ξανθὴ Δημήτηρ, womit überein käme, daß die altslavische Siva Ceres, dea frumenti glossiert; allein S scheint in dem wort das slavische shivjete = SH und V = W, was von dem deutschen F, B, P abführt.

Der Name der slawische Göttin „Siva", die von ihrem Namen her der germanischen Göttin „Sif" entspricht, wird mit „Ceres", der römischen Korngöttin, übersetzt und erläutert.

Thôrs mutter, nicht seine frau ist die erde, doch Snorri findet sich das bloße Sif für erde. entscheiden müsten nähere sagen von Sif, die unsrer mythologie gänzlich abgehn. nirgend wird bei uns das geheimnisvolle verhältnis des saatkorns zu Demeter, durch deren tiefe trauer um die tochter hungersnoth unter den menschen auszubrechen droht, noch ähnliches erzählt.

II 33.   Die wilden Frauen im Wunderberge

Diese Sage stammt aus der Sammlung deutscher Sagen der Gebrüder Grimm.

Die Grödicher Einwohner und Bauersleute zeigten an, daß zu diesen Zeiten (um das Jahr 1753) vielmals die wilden Frauen aus dem Wunderberge zu den Knaben und Mägdlein, die zunächst dem Loche innerhalb Glanegg das Weidvieh hüteten, herausgekommen und ihnen Brot zu essen gegeben.

Mehrmals kamen die wilden Frauen zu der Ährenschneidung. Sie kamen frühmorgens herab, und abends, da die andern Leute Feierabend genommen, gingen sie, ohne die Abendmahlzeit mitzunehmen, wiederum in den Wunderberg hinein.

Einstens geschah auch nächst diesem Berge, daß ein kleiner Knab auf einem Pferde saß, das sein Vater zum Umackern eingespannt hatte. Da kamen auch die wilden Frauen aus dem Berge hervor und wollten diesen Knaben mit Gewalt hinwegnehmen.

Der Vater aber, dem die Geheimnisse und Begebenheiten dieses Berges schon bekannt waren, eilte den Frauen ohne Furcht zu und nahm ihnen den Knaben ab, mit den Worten: »Was erfrecht ihr euch, so oft herauszugehen und mir jetzt sogar meinen Buben wegzunehmen? Was wollt ihr mit ihm machen?«

Die wilden Frauen antworteten: »Er wird bei uns bessere Pflege haben und ihm besser bei uns gehen als zu Haus; der Knabe wäre uns sehr lieb, es wird ihm kein Leid widerfahren.«

Allein der Vater ließ seinen Knaben nicht aus den Händen, und die wilden Frauen gingen bitterlich weinend von dannen.

Abermals kamen die wilden Frauen aus dem Wunderberge nächst der Kugelmühle oder Kugelstadt genannt, so bei diesem Berge schön auf der Anhöhe liegt, und nahmen einen Knaben mit sich fort, der das Weidvieh hütete. Diesen Knaben, den jedermann wohl kannte, sahen die Holzknechte erst über ein Jahr in einem grünen Kleid auf einem Stock dieses Berges sitzen. Den folgenden Tag nahmen sie seine Eltern mit sich, willens, ihn am Berge aufzusuchen, aber sie gingen alle umsonst, der Knabe kam nicht mehr zum Vorschein.

Mehrmals hat es sich begeben, daß eine wilde Frau aus dem Wunderberg gegen das Dorf Anif ging, welches eine gute halbe Stunde vom Berg entlegen ist. Alldort machte sie sich in die Erde Löcher und Lagerstätte. Sie hatte ein ungemein langes und schönes Haar, das ihr beinahe bis zu den Fußsohlen hinabreichte. Ein Bauersmann aus dem Dorfe sah diese Frau öfter ab- und zugehen und verliebte sich in sie, hauptsächlich wegen der Schönheit ihrer Haare. Er konnte sich nicht erwehren, zu ihr zu gehen, betrachtete sie mit Wohlgefallen und legte sich endlich in seiner Einfalt ohne Scheu zu ihr in ihre Lagerstätte. Es sagte eins zum andern nichts, viel weniger, daß sie etwas Ungebührliches getrieben.

In der zweiten Nacht aber fragte die wilde Frau den Bauern, ob er nicht selbst eine

Frau hätte?

Der Bauer aber verleugnete seine Ehefrau und sprach nein.

Diese aber machte sich viel Gedanken, wo ihr Mann abends hingehe und nachts schlafen möge. Sie spähete ihm daher nach und traf ihn auf dem Feld schlafend bei der wilden Frau.

»O behüte Gott«, sprach sie zur wilden Frau, »deine schönen Haare! Was tut ihr da miteinander?«

Mit diesen Worten wich das Bauersweib von ihnen, und der Bauer erschrak sehr hierüber.

Aber die wilde Frau hielt dem Bauern seine treulose Verleugnung vor und sprach zu ihm: »Hätte deine Frau bösen Haß und Ärger gegen mich zu erkennen gegeben, so würdest du jetzt unglücklich sein und nicht mehr von dieser Stelle kommen; aber weil deine Frau nicht bös war, so liebe sie fortan und hause mit ihr getreu und untersteh dich nicht mehr, daher zu kommen, denn es steht geschrieben: ›Ein jeder lebe getreu mit seinem getrauten Weibe‹, obgleich die Kraft dieses Gebots einst in große Abnahme kommen wird und damit aller zeitlicher Wohlstand der Eheleute. Nimm diesen Schuh von Gold von mir, geh hin und sieh dich nicht mehr um.«

Die „wilden Frauen" in dieser Sage scheinen das Getreide in ihrem Berg aufzubewahren, das dann auf den Feldern wächst – falls man die „bessere Pflege" und die Assoziation mit der Getreideernete so deuten darf.

Das schöne Haar der „wilden Frau" erinnert sehr an die „Getreide-Haare" des Göttin Sif. Dieser Ursprung der „wilden Frau" würde auch zu der Assoziation mit der Kornernte und der Vermutung der Korn-Fülle in ihrem Berg (Sifs abgeschnittene Getreide-Haare in der Unterwelt) passen.

II 34. Die Roggenmuhme

Auch diese Sage stammt aus der Sammlung deutscher Sagen der Gebrüder Grimm.

In der Mark Brandenburg geht unter den Landleuten eine Sage von der Roggenmuhme, die im Kornfeld stecke, weshalb die Kinder sich hineinzugehen fürchten.

In der Altmark schweiget man die Kinder mit den Worten: »Halts Maul, sonst kommt die Regenmöhme mit ihrem schwarzen langen Hitzen und schleppt dich hinweg!«

Im Braunschweigischen, Lüneburgischen heißt sie das Kornwyf. Wenn die Kinder Kornblumen suchen, erzählen sie sich davon, daß es die Kleinen raube, und wagen sich nicht zu weit ins grüne Feld.

Im Jahre 1662 erzählte auch die Saalfelder Frau dem Prätorius: Ein dortiger Edelmann habe eine Sechswöchnerin von seinen Untertanen gezwungen, zur Erntezeit Garben zu binden. Die Frau nahm ihr junges, saugendes Kindlein mit auf den Acker und legte es, um die Arbeit zu fördern, zu Boden. Über eine Weile sah der Edelmann, welcher zugegen war, ein Erdweib mit einem Kinde kommen und es um das der Bäuerin tauschen. Dieses falsche Kind hob an zu schreien, die Bäuerin eilte herzu, es zu stillen, aber der Edelmann wehrte ihr und hieß sie zurückbleiben, er wolle ihr schon sagen, wann's Zeit wäre.

Die Frau meinte, er täte so der fleißigeren Arbeit wegen, und fügte sich mit großem Kummer. Das Kind schrie unterdessen unaufhörlich fort, da kam die Roggenmutter von neuem, nahm das weinende Kind zu sich und legte das gestohlene wieder hin. Nachdem alles das der Edelmann mit angesehen, rief er der Bäuerin und hieß sie nach Hause gehen.

Seit der Zeit nahm er sich vor, nun und nimmermehr eine Kindbetterin zu Diensten zu zwingen.

Roggenmuhme = Roggen-Tante, Roggen-Verwandte (Das Wort Muhme entspricht sehr genau dem Namen „Sif" im Sinne von nahe Verwandte.)
Kornwyf = Kornweib, Kornfrau
Auch diese "Roggenfrau" könnte ursprünglich die Göttin Sif gewesen sein.

II 35. Zusammenfassung

Sif ist eine Erd-, Mutter- und Jenseitsgöttin gewesen. Ihr Name, der „Verwandte" bedeutet, ist vermutlich als Beiname einer anderen ähnlichen Göttin wie Freya oder Frigg entstanden. Auch der Name Freya bedeutet „Frau aus demselben Haus" – die beiden Namen „Sif" und „Freya" haben also dieselbe Bedeutung.

Die Absicht des Riesen Hymir, alle Asen und Asinnen außer Freya und Sif zu töten und diese beiden zu entführen, spricht dafür, daß Sif ein Beiname der Freya gewesen ist oder beide Göttinnen zumindestens von ihrem Charakter her sehr ähnlich waren. Auch die beiden Namen „Sifs Haar" und „Freyas Haar" für das Goldene Frauenhaarmoos sprechen für eine enge Verbindung zwischen den beiden Göttinnen.

Sifs Name wurde als Heiti (Synonym) für „Erde" benutzt. Ihr goldenes Haar war ein Symbol für das reife Getreide. Durch das Scheren des Haares der Sif durch Loki hat dieser Gott die Stellung des „Sensenmannes" erhalten, der das Getreide erntet. Die Herstellung neuer Haare für Sif aus Gold durch die Zwerge in der Unterwelt ist ein Bild für das Keimen des neuen Getreides im Frühjahr.

Die Göttin Menglöd („Halsreif-Frohe") ist ursprünglich ein Beiname der Freya gewesen. Da aus Menglöds Namen die Bezeichnung des Blattgemüses „Mangold" entstanden ist, scheinen sowohl Freya-Menglöd als auch Sif Vegationsgöttinnen gewesen zu sein.

Mit Menglöd und auch mit den späteren Märchen Rapunzel, Dornröschen und Schneewittchen ist das Motiv der Verbannung im Herbst hinter eine Dornenhecke, hinter sieben Berge oder in einen Turm verbunden, die alle das Jenseits darstellen. Aus diesem Jenseits kehrt die Göttin schließlich im Frühling zurück, wenn der „Prinz", d.h. die im Frühjahr erstarkende Sonne (Svipdag) zurückkehrt. Das goldene Haar der Sif hat sich am deutlichsten bei der Goldmarie aus dem Märchen „Frau Holle" erhalten.

Die Rückkehr des Getreides aus der Erde wurde auch als eine Wiedergeburt der Korngöttin angesehen: Thrudr ist die wiedergeborene Sif. Dieses Motiv ist in der germanischen Mythologie am deutlichsten in der Geburt der Tochter der Sonne nach dem Tod der Sonnengöttin beim Ragnarök zu erkennen. Bis ca. 1000 n.Chr. ist noch Thrudr und nicht Sif als die Geliebte des Thor und auch als die Göttin, die ihn wiedergebiert, angesehen worden.

Ursprünglich wurden eigentlich die Toten von der Muttergöttin wiedergeboren, aber diese Wiedergeburtssymbolik wurde auch auf das Getreide als Haar der Sif übertragen. Da das Haar der Sif beim Scheren durch Loki „starb", starb bei der Ernte auch „Sifs Haar", also das Getreide, und schließlich auch Sif selber, die dann im Frühling als ihre eigene Tochter Thrudr wiedergeboren wurde.

Thor wird ursprünglich sowohl der Mann als auch der Sohn der Jenseits-Muttergöttin Freya-Sif-Thrudr gewesen sein. Diese Doppelbindung entstand dadurch, daß die Toten bei der Wiederzeugung die Geliebten der Muttergöttin waren und bei der anschließenden Wiedergeburt die Söhne der Muttergöttin. Dieses Motiv hat auch die Mythen einiger anderer Götter geprägt.

Der Ase Ullr als Sohn der Sif ist vermutlich ein sehr altes Motiv, da Sif ein Beiname der „Großen Mutter" ist und Ullr ein Beiname des Schwertgottes, Sonnengottes und Göttervaters Tyr und beide somit sehr weit in der germanischen und indogermanischen Mythologie zurückreichen. Der Sonnenaufgang, also die Wiedergeburt des Sonnengott-Göttervaters durch die Muttergöttin ist bei den Indogermanen das zentrale mythologische Motiv gewesen.

Auch Loki scheint einst in diese Wiedergeburtssymbolik eingebunden gewesen zu sein, da er als der Vater des Ullr angesehen wurde. Der Sommergott Tyr und der Wintergott Loki stritten sich endlos um Freya-Menglöd-Sif, da sie ohne sie nicht wiedergeboren werden konnten.

Sif wurde auch als Seherin aufgefaßt. Da die Muttergöttin im Jenseits diejenige ist, die als Norne das Schicksal festlegt und daher auch das Schicksal kennt, sind die ger-manischen Seherinnen eng mit den Nornen, der Hel, aber auch mit der lichteren Seite der Jenseitsgöttin, also mit Sif, Thrudr, Freya u.ä. Göttinnen verbunden gewesen, da sie von ihnen ihr Wissen erhielten. Diese beiden so verschiedenen Seiten der Muttergöttin, also die Liebesgöttin Freya und die Todesgöttin Hel, sind durch die Furcht vor dem Tod und durch die Hoffnung auf die Wiedergeburt entstanden.

Zu den helfenden Funktionen der Sif gehörte auch der Schutz vor bösem Zauber, der sich in dem Namen „Widertonmoos" („gegen böse Magie schützendes Moos") zeigt, der eine Namensvariante des „Goldenen Frauenhaarmooses" gewesen ist. Am deutlichsten wird die helfende Qualität der Sif in ihrem schwedischen Beinamen „Gute Mutter". Vermutlich war Sif auch wie die ihr eng verwandten Göttinnen Menglöd und Eir eine Heilerin.

III Entsprechungen zu der Göttin Sif bei den Indogermanen

Von den Indogermanen ist lediglich die slawische Göttin „Siva" bekannt, deren Name dem der germanischen „Sif" entspricht – sofern man nicht Freya und Sif gleichsetzt. (Siehe auch den Band 22 über „Freya".)

Siva war die wichtigste Göttin des westslawischen Polaben, die im Süden und Osten von Lübeck gelebt haben. Dieser slawische Stamm wohnte in enger Nachbarschaft zu den Nordgermanen, die die Göttin Sif verehrten.

Siva wurde von den christlichen Missionaren der römischen Korngöttin Ceres gleichgesetzt. Sie war die Göttin des Gedeihens des Getreides und des Gemüses – wie Sif und Menglöd.

Siva wurde auch als Ratgeberin und vermutlich auch als Beschützerin der Polaben angesehen.

Sivas Haupttempel stand in Ratzeburg. An seiner Stelle wurde ab 1159 der Ratzeburger Dom errichtet. Die Wahl dieses Bauplatzes für den Dom zeigt deutlich, daß Siva und ihr Tempel das Kultzentrum des Ratzeburger Umlandes gewesen sein müssen. Dies entspricht der Vermutung, das bei den Germanen Sif und Freya dieselbe Göttin gewesen ist, da auch Freya die wichtigste Göttin der Germanen gewesen ist.

Ein zweiter Tempel der Siva hat in Rethra gestanden. Leider ist nicht genau bekannt, wo dieser Ort gelegen hat.

In der 1492 gedruckten Sachsen-Chronik des Conrad Boto findet sich das Bild der Göttin „Ziva" als schöne nackte Frau mit einem Kranz auf dem Kopf, die in der rechten Hand einen Apfel und in der linken eine Traubenrebe hält. Zu diesem Bild gehört die folgende Beschreibung: *„In der einen Hand hält sie einen goldenen Apfel. Und in der anderen Hand hält sie eine Traubenrebe. Inihren Haaren, die bis zu ihren Beinen hinunterreichen, hängen grüne Blätter."*

Der Apfel erinnert an die Äpfel der Idun, die den Göttern ihr ewiges Leben geben und ursprünglich ein Wiedergeburtssymbol gewesen sind. Dieser „magische Apfel" ist auch den Slawen bekannt gewesen.

Der Kranz könnte sich allgemein auf Pflanzen bezogen haben, aber vielleicht ist es auch ein Ährenkranz gewesen.

Die Trauben verwundern ein wenig, da so weit oben im Norden keine Trauben mehr angebaut werden können.

Da Siva der ostslawischen Muttergöttin Mokosch entspricht, könnte es sein, daß ihr Name „Siva" von der Göttin „Sif" der in der Nachbarschaft der Westslawen lebenden Germanen inspiriert worden ist. Dies ist jedoch keineswegs sicher, da der Name „Siva" manchmal auch „Zawye" geschrieben wird, was „Leben" bedeutet. Es ist allerdings schon sehr auffällig, daß sich bei den Germanen und den Slawen dort, wo sie Nachbarn sind, eine Göttin mit fast gleichem Namen und derselben Funktion findet …

Es gab einige indogermanische Korngöttinnen, die in dieser Funktion der Asin Sif entsprechen. Diese Korngöttinnen könnten daher einen gemeinsamen Ursprung haben.

Die drei indogermanischen Göttinnen, die das Getreide selber verkörpern, sind Kore/Persephone bei den Griechen, Ceres bei den Römern und Ceroklis bei den Slawen. Die drei Namen Kore, Ceres und Ceroklis stammen von der indogermanischen Wurzel „keres" für „Getreide" ab, das sich von dem Verb „ker" für „schneiden" ableitet. Das Getreide wurde von den Indogermanen somit als „das Geschnittene" bezeichnet. Der Name der drei Göttinnen bedeutet daher wörtlich „Getreide(-göttin)". Sie sind wie Sifs goldenes Haar das reife Korn auf den Feldern.

Zumindestens die griechische Ceres hat eine Mutter: Demeter. Sie sucht sie im Winter in der Unterwelt und bringt sie im Frühling zurück auf die Erde.

Demeter ist die allgemeine Muttergöttin und sie ist zugleich die Erde und die Mutter des Getreides, das durch Kore verkörpert wird. Der Name „Demeter" ist eine Weiterentwicklung des frühgriechisch „Da-mate", das seinerseits entweder von indogermanisch „Ge-mater" („Erdmutter") oder von kretisch-griechisch „Deo-mater" („Gerstenmutter") abstammt. Vielleicht haben sich auch beide Bedeutungen in dem Namen der Göttin verbunden.

Von ihren Mythen her entspricht Demeter sehr genau der Göttin Sif: sie ist die Erde, die Mutter des Getreides, die Göttin der Wiedergeburt und sie war eine dreifache Göttin wie die germanischen Nornen.

Zumindestens in den Märchen der Gebrüder Grimm findet sich eine Unterweltsreise der goldhaarigen Göttin: Goldmaries Sprung in den Brunnen und ihre anschließende Wanderung zu Frau Holle. Goldmaries Aufenthalt in der Unterwelt symbolisiert genauso wie die Zeit, die Kore/Persephone in der Unterwelt weilte, den Winter: Wenn Goldmarie bei Frau Holle deren Betten ausschüttelt, schneit es auf Erden.

Es ist daher zumindestens gut denkbar, daß es auch bei den Germanen eine Jenseitsreise der Korngöttin analog zu dem Tod und der Wiedergeburt der Sonnengöttin gegeben haben könnte.

Es hat bei anderen indogermanischen Völkern noch einige weitere Korngöttinnen wie z.B. die indische Lakshmi gegeben, deren Name auf das indogermanische „leukos" für „Licht" zurückgeht. Diese Göttinnen sind jedoch nur in einer Nebenfunktion Getreidegöttinnen.

Der indogermanische Sonnengott und Göttervater hieß Dhyaus. Sein Name bedeutet „Scheinender, Tag". Ein wichtiger indogermanischer Göttinnenname war „Diuih", was wörtlich „Scheinende, Tag" bedeutet, aber schon früh zu einer allgemeinen Bezeichnung für „Göttin" wurde. Die beiden Namen „Dhyaus" und „Lakshmi" entsprechen inhaltlich den Namen des „Solbiart" (Vater des Svipdag) und der „Solbiarta" (Menglöd) aus dem Fiölswin-Lied.

Als „Scheinende" war „Diuih" die Göttin, die am Morgen die Sonne wiedergebiert – sowohl die Sonne als Gestirn (indogermanisch: „Suhelios") als auch den eng mit der Sonne verbundenen Göttervater (indogermanisch: „Dhyaus"). Der Göttinnennamen „Heusos" (indogermanisch: „Morgenröte, Morgendämmerung") ist eine Konkretisierung des indogermanischen Namens „Diuih" („Scheinende, Tag"). Der Name „Lakshmi" (indisch: „Licht") ist eine weitere Variante dieser Bezeichnung der Göttin als Sonnenmutter.

Auch Lakshmi ist von ihrem Ursprung her eine Muttergöttin. So wie Sif von der Mutter des Thor zur Frau des Thor wurde, so wurde vermutlich auch Lakshmi von der Mutter des Vishnu zu dessen Frau.

Der Name „Lakshmi" entspricht dem Namen „Lucia", deren Fest in Schweden zumindestens seit dem Mittelalter zur Wintersonnenwende gefeiert wird. Da ab diesem Tag die Tage wieder länger werden, ist er symbolische der Tag der Sonnengeburt. Dieses Fest hatte eine so große Bedeutung, daß die christlichen Missionare die Geburt Christi auf die Wintersonnenwende (Weihnachten) verlegten, um dieses Fest christlich umdeuten und dadurch integrieren zu können.

Die Wiedergeburt des Getreides ist bei den Indogermanen anscheinend eine Parallelbildung zu der Wiedergeburt der Sonne durch die Muttergöttin gewesen.

Bei so gut wie allen nicht-indogermanischen Völkern ist das Getreide ein Gott, der von der Muttergöttin in jedem Frühjahr wiedergeboren wird. Diese auffällige Abweichung bei den Indogermanen, bei denen das Getreide und das Gemüse in einer Göttin personifiziert wurde (Sif, Menglöd, Rapunzel, Kore/Persephone, Ceres, Ceroklis, Lahshmi), läßt sich aus der Geschichte der Indogermanen erklären.

Um ca. 7.000 v.Chr. zog ein Teil der jungsteinzeitlichen Bauern aus Mesopotamien über den Kaukasus in die südrussischen Steppen nördlichen des Schwarzen Meeres und des Kaspischen Meeres. Dort wurden sie mit der Zeit zu halbnomadischen Viehzüchtern, weil die Steppe wesentlich besser für die Viehhaltung als für den Ackerbau geeignet ist. Durch diese Lebensweise geriet das Motiv des sterbenden und wiedergeborenen Korngottes in Vergessenheit, das zu Beginn der Jungsteinzeit in Analogie zu der Wiederzeugung und der Wiedergeburt der Toten durch die Muttergöttin gebildet worden war, um das Wesen des Getreides beschreiben zu können.

Ab 2.800 v.Chr. begannen die indogermanischen Völker die umliegenden Gebiete zu erobern, in denen sie dann auch wieder Ackerbau betrieben und folglich auch ein Bild für das Getreide brauchten. Die Indogermanen sahen die Erde als Göttin an, weil die Göttin als Unterweltsgöttin in gewisser Weise bereits die Erde war. Anscheinend sah man das Getreide als Teile der Erdgöttin (Haar) bzw. als sie selber an, die jedes

Jahr als ihre eigene Tochter wiedergeboren wurde. Am deutlichsten wird dieses Motiv bei den Germanen in den Haaren der Sif und bei den Griechen in der Göttin Demeter und ihrer Tochter Kore/Persephone.

Bei den Germanen entstand parallel zu der Getreidegöttin und ihrer Tochter (Sif und Thrudr) auch eine Sonnengöttin und eine Sonnentochter. Auch bei den Slawen wurde die Sonne als Göttin angesehen. Die Kelten kannten neben den männlichen Sonnengöttern wie Bel(-enus) und Lugh auch eine Sonnen- und Heilgöttin mit dem Namen Sulis. Die übrigen Indogermanen betrachten die Sonne jedoch als einen Gott. Ob die hethitische Sonnengöttin von Arianna, die auch als Fruchtbarkeitsgöttin angesehen wurde, eine indogermanische Göttin ist oder von den Hurritern oder einem anderen Volk übernommen wurde, ist ungewiß.

Die Sonnengöttin tritt somit mit Sicherheit nur bei der westlichen Hälfte der Indogermanen auf, also bei den Germanen, Kelten und Slawen. Bei diesem Teil der Indogermanen ist auch die Vorstellung einer Korngöttin am deutlichsten ausgeprägt – die indische Lakshmi ist wie Demeter eine Mutter des Getreides, aber nicht das Getreide selber.

Verbreitung der Korngöttin und der Sonnentochter					
Land		Getreide		Sonne	
		Mutter	*Tochter*	*Mutter*	*Tochter*
Indogermanen		?	?	?	Sehuelieso Dhughter
westliche Indogermanen	*Germanen*	Sif	Sif, Thrudr (?), Menglöd, Rapunzel	Sol	Solar Dottir
				Solbiarta? (Menglöd)	
				Frau Holle	Goldmarie
	Kelten	?	?	Sulis	
	Römer	Ceres	-	-	
	Slawen	Ceroklis		?	Saules Dukryte
mittlere Indogermanen	*Griechen*	Demeter	Kore/Persephone	-	-
	Hethiter	-	-	Arianna	
östliche Indogermanen	*Inder*	-	-	?	Duhita Suryasya

Die Finnen gehören nicht zu den Indogermanen, aber durch die 3.500 Jahre währende Nachbarschaft haben sich die Religionen dieser beiden Völker gegenseitig beeinflußt.

Im zweiten Kapitel der Kalevala findet sich ab Vers 296 eine schöne Beschreibung der ersten Aussaat durch den Zauberer Wäinämöinen. In diesen Versen findet sich zwar die Erdmutter, aber keine Korngöttin.

„Werfe jetzt diesen Samen
Durch des Schöpfers Fingerspalten,
Mit der Hand des Machterfüllten
Hin auf dieses Land zu wachsen,
Aus dem Boden hier zu sprossen."
„Alte, die du unten weilest,
Erdenmutter, Flurengöttin,
Bring' den Rasen nun zum Drängen,
Bring' die Erde du zum Treiben;
Nimmer wird die Kraft der Erde,
Nimmer ihre Macht je fehlen,
Wenn die Geberinnen Gnade,
Huld der Schöpfung Töchter leihen.
Steig, o Erde, auf vom Schlafe,
Von dem Schlummer, Land des Schöpfers,
Laß die Halme sich erheben,
Laß die Stengel auf sich richten
Tausend Ähren auferstehen,
Hundertfach sie sich verbreiten
Durch mein Ackern, durch mein Säen,
Da ich also mich bemühe!
Ukko, du, o Gott dort oben,
Du, o Vater in dem Himmel,
Der du in den Wolken waltest
Und die Wölklein alle lenkest!
Halte Rath du in der Wolke,
Guten Rath du in den Lüften,
Schick' aus Osten eine Wolke,
Laß aus Nordost sie erscheinen,
Sende andre her von Westen,
Schneller welche aus dem Süden,
Sende Regen von dem Himmel,
Laß die Wolken Honig träufeln,

*Daß die Ähren sich erheben,
Daß die Saaten munter rauschen."*

*Ukko, er, der Gott dort oben,
Er, der Vater in dem Himmel,
Hielt nun Rath im Wolkenraume,
Guten Rath im Raum der Lüfte,
Schickt' von Osten eine Wolke,
Ließ in Nordwest eine steigen,
Sandte eine aus dem Westen,
Früher eine aus dem Süden,
Fügt die Säume an einander,
Stößt die Seiten rasch zusammen,
Sendet Regen von dem Himmel,
Tröpfelt Honig aus den Wolken,
Daß die Ähren sich erhoben,
Daß die Saaten munter rauschten;
Es erhoben sich die Halme,
Es erstanden farb'ge Ähren
Aus der Erde weichem Boden
Durch die Mühe Wäinämöinen's.
Es verging der Tage nächster,
Zwei, ja drei der Nächte schwanden;
Als die Woche abgelaufen,
Geht der alte Wäinämöinen
Hin zur Saat um nachzusehen,
Wie sein Ackern, wie sein Säen,
Wie die Arbeit wohl gediehen;
Sieh, es wuchs die Saat nach Wunsche,
Ähren gab es mit sechs Kanten,
Halme fand er mit drei Knoten.*

IV Biographie der Göttin Sif

Aus den bisherigen Betrachtungen läßt sich in etwa die Biographie der Göttin Sif rekonstruieren.

1. Kapitel

- bis 10.500 v.Chr. -

Der Anfang der Göttin Sif liegt fern in der Altsteinzeit, in der die Große Mutter die zentrale Gestalt in den etwa ein Dutzend Menschen umfassenden Jagdgemeinschaften gewesen sein wird. Sie ist vor allem durch die weit über Hundert kleinen Stein- und Tonfiguren der „fülligen Frau der Fruchtbarkeit" bekannt.

Die weltweite Verbreitung der Symbolik der Wiedergeburt im Jenseits durch die Muttergöttin läßt es recht sicher erscheinen, daß die Menschen bereits damals die Ankunft im Jenseits als eine zweite Geburt, also eine Wiedergeburt aufgefaßt haben werden.

Möglicherweise wurde diese Symbolik schon damals durch die Wiederzeugung und das Wiederstillen ergänzt, denn die Vorstellungen über das Jenseits waren vermutlich ganz in Analogie zu den Erfahrungen im Diesseits gebildet worden.

2. Kapitel: Jungsteinzeit

- von 10.500 v.Chr. bis 7.000 v.Chr. -

In der Jungsteinzeit, die um 10.500 v.Chr. gleich nach dem Ende der letzten Eiszeit begann, entdeckten die Menschen den Ackerbau. Um die Vorgänge beim Ackerbau im Laufe des Jahres zu beschreiben, lag die Analogie zu den Vorstellungen über das Schicksal der Menschen im Jenseits nahe:

Mensch und Getreide	
Mensch	*Getreide*
Zeugung	Aussaat
Geburt	Keimen
Leben	Wachsen
Tod	Ernte
Aufenthalt im Jenseits	Lagern
Wiederzeugung	Aussaat
Wiedergeburt	Keimen

Das Getreide hatte somit dasselbe Schicksal wie die Menschen, wodurch in manchen Kulturen das Getreide als Mann und in anderen Kulturen die Menschen als Getreide aufgefaßt wurden. Auf diese Weise entstand der Korngott, der wie die Menschen das Kind der Großen Mutter war.

Die Analogie zwischen der Ernte und dem Tod hat in Europa u.a. das Motiv des Sensenmannes hervorgebracht: das Gerippe des Todes mit der Sense. Vielleicht wurde auch schon Loki als „Schnitter" aufgefaßt, da er der Sif ihre Haare abgeschnitten hat.

Spätestens seit der frühesten Jungsteinzeit, vermutlich aber schon in der Altsteinzeit, hat es auch das Gleichnis zwischen dem Sonnenaufgang und der Wiedergeburt gegeben.

3. Kapitel: Indogermanen

- von 7.000 v.Chr. bis 2.800 v.Chr. -

Bei den Indogermanen in der südrussischen Steppe verschwand das Bild des Korngottes allmählich, da sie sich fast ausschließlich von der Viehzucht ernährten.

Die Muttergöttin war daher nur noch die Mutter der Toten, der Sonne und allgemein der Götter. Aufgrund der Wiedergeburtssymbolik, die auch die Vorstellung einer Wiederzeugung beinhaltete, war die Große Mutter zugleich die Geliebte und die Mutter der Toten, der Sonne und der Götter.

Die Sonne am Morgen wurde auch als die „Tochter der Sonne", also als die wiedergeborene Sonne aufgefaßt.

4. Kapitel: West-Indogermanen

- von 2.800 v.Chr. bis 2.000 v.Chr. -

Nachdem die Indogermanen die umliegenden Völker unterworfen hatten und in deren Ländern wieder mit dem Ackerbau begonnen hatten, da sich die eroberten Gebiete besser für diese Ernährungsweise eigneten, wurde wieder ein Bild zur Beschreibung des Ackerbaus benötigt.

Bei den westlichen Völkern der Indogermanen wurde das Getreide als Kind (Kore, Ceres, Ceroklis) der Großen Göttin aufgefaßt, die als Göttin der Unterwelt bereits eine Erdgöttin gewesen ist. Die Erdmutter der Korngöttin wurde manchmal ausdrücklich als Mutter des Getreides bezeichnet: Demeter bedeutet „Gersten-Mutter". Das mythologische Vorbild dazu war die Sonnengöttin und ihre Wiedergeburt als Sonnentochter.

Die Sonnengöttin und ihre Tochter sowie die Erdgöttin und ihre Tochter (Korngöttin) sind vermutlich als zwei eng verwandte Paare und als Analogie aufgefaßt worden: Die Wiedergeburt der Toten, der Sonnenaufgang und das Keimen des Getreides waren letztlich ein- und derselbe Vorgang. Auch die Große Mutter war in allen drei Fällen letztlich dieselbe.

Bei den westlichen Indogermanen trugen die Muttergöttinnen jedoch unterschiedliche Namen, während der Name der Tochtergöttin, die die Verkörperung des Getreides war, recht einheitlich von dem indogermanischen Wort „keres" für „Getreide" abgeleitet wurde (Kore, Ceres, Ceroklis).

Dies läßt sich am einfachsten dadurch erklären, daß sich das Bild der Korngöttin an einem Ort als Allegorie gebildet hat (ihr Name bedeutet „Getreide") und sich von dort aus dann als ein damals allgemein benötigtes mythologisches Motiv zu den umliegenden indogermanischen Völkern verbreitet hat. Dort ist diese neue Korngöttin, die aufgrund ihrer Analogie zu der Sonnentochter eine für alle Indogermanen plausible Vorstellung gewesen sein muß, dann der Erdgöttin des jeweiligen indogermanischen Volkes zugeordnet worden.

Eine Entstehung des Korngöttinnen-Motivs bei den gemeinsamen Vorfahren der Griechen, Römer und Slawen ist unwahrscheinlich, da dies die ursprünglichen Indogermanen sind, die aber noch keinen Ackerbau betrieben haben. Es wäre bei einer solch frühen Entstehung dieses Motivs auch verwunderlich, daß sich diese Korngöttin nicht auch bei den anderen Indogermanen findet.

Teilweise wurde auch der Mond in diese Mutter-Tochter-Symbolik miteinbezogen. So heiratete die slawische Mondgöttin Myesyats in jedem Frühjahr den Sonnengott Dazbog und trennte sich im Herbst wieder von ihm. Neben den Slawen sahen nur noch die Griechen und die Römer den Mond als eine Göttin an.

5. Kapitel: Frühzeit der Germanen

- von 2.000 v.Chr. bis 500 v.Chr. -

Bei den frühen Germanen hat möglicherweise Freya die Rolle der Kornmutter innegehabt, als die zur Zeit der Edda die Göttin Sif erscheint, da beide Göttinnen in mythologischer Hinsicht offenbar eng verwandt waren und der Name „Freya" bis zu den Indogermanen zurückreicht. Für diese Vermutung spricht auch, daß Freya eng mit der Wiederzeugung verbunden war, wie ihre Mythen und auch ihr Name, der „Geliebte" bedeutet, zeigen.

Möglicherweise ist „Sif" lediglich eine „spezialisierte Variante" der Freya als Korngöttin, die entstand, als die ursprünglichen Mythen, in denen die Gottheiten weitgehend eigenständig dastanden, nach und nach in Sippen mit festgelegten Verwandtschaftsverhältnissen eingefügt wurden und klar umrissene Aufgaben erhielten.

Den Ansatz zu dieser Form der Ordnung wird vermutlich die Vorstellung der Wiedergeburt gebildet haben, durch die es bereits viele Liebesverhältnisse und Mutter-Kind-Verhältnisse in den Mythen gegeben hat. Man brauchte im Grunde nur alle diese Verhältnisse in ein Gesamtbild zu bringen und die Lücken durch plausible Überlegungen zu schließen.

6. Kapitel: Mittlere Zeit der Germanen

- von 500 v.Chr. bis 375 n.Chr. -

Vermutlich waren sowohl Freya als auch Sif Göttinnen, die mit dem Getreide verbunden waren. Möglicherweise ist Sif der Erdgöttin-Aspekt der Freya gewesen – sie könnte auch den germanisch-keltisch-römischen „Matronen", die am Niederrhein verehrt worden sind, entsprochen haben, die u.a. auch Fruchtbarkeitsgöttinnen gewesen sind.

Sowohl Sif als auch Freya werden innerhalb der Wiederzeugungs- und Wiedergeburtsvorstellungen sowohl Mutter als auch Geliebte gewesen sein.

Sifs Tochter Trudr wird zu dieser Zeit noch eigenständiger gewesen sein, da sie um 1000 n.Chr. noch als Geliebte und evtl. auch als Mutter des Thor aufgefaßt worden ist.

Als neues Bild entstanden die goldenen Haare der Sif als Symbol des Getreides, das im Herbst geschoren wurde und im Frühjahr nachwuchs. Für die Entstehung dieses

Motivs läßt sich allerdings nur sehr ungenau die Zeit zwischen ca. 1800 v.Chr. (eigenständiges Volk) und ca. 1000 n.Chr. (frühe Skaldengedichte) angeben.

Der Schwert- und Sonnengott Tyr wird ursprünglich auch bei den Germanen der Sohn der indogermanischen Morgenrotgöttin Heusos gewesen sein. Vermutlich wurde dieser Name der Göttin mit der Zeit zunehmend durch den Namen Frigg/Freya („Geliebte") ersetzt, da Tyr immer mehr zum alles beherrschenden Göttervater wurde und in diesem Zusammenhang die Göttin mehr als seine Geliebte und weniger als seine Mutter erschien.

Da der Gott Ullr zu dieser Zeit noch ein Beiname des Gottes Tyr war, mit dem vor allem der wiedergeborene Göttervater bezeichnet wurde, wird auch Ullr schon früh als Kind der Freya-Sif aufgefaßt worden sein. Seine spätere Auffassung als Sohn der Sif (und nicht der Freya) liegt vermutlich darin begründet, daß Ullr ein Wintergott war und Sif eine Erdgöttin und der Winter ein Symbol für die Unterwelt war: Im Winter waren die Pflanzen tot und ruhten in der Unterwelt – genauso wie Sonne. Zu dieser Zeit könnte auch Loki als der Gott des Jenseits an die Stelle des Tyr getreten und zum Vater des Ullr geworden sein, sodaß nun Sif, Loki und Ullr, die drei Gottheiten des Jenseits, zusammen eine Gruppe bildeten.

Offensichtlich ist auch der Donnergott in diese allgemeine Wiedergeburtsmythe miteinbezogen worden. Der Donnergott war bei den Indogermanen allgemein eng mit dem Göttervater verbunden und hat diesem auch seinen Blitz gegeben, der eigentlich zu dem Donnergott gehört. Über seine teilweise Gleichsetzung mit dem Göttervater Tyr/Odin könnte Thor auch zu einem (wiedergeborenen) Kind der Mutter- und Erdgöttin geworden sein.

Der Donnergott führte ursprünglich einen endlosen, zyklischen Kampf gegen die riesige Regenräuberschlange, die die sommerliche Dürre verursachte, indem sie den Regen in die Unterwelt entführte. In diesem Kampf war im Sommer die Regenräuberschlange und im Winter der Donner- und Regengott der Sieger. Dieser Zyklus könnte zu der Einbeziehung des Donnergottes in die Wiedergeburtsmythe beigetragen haben.

Der Donnergott Thor wird in dieser Mythe zunächst der Geliebte und evtl. auch der Sohn der Erdgöttin Thrudr gewesen sein, wie die frühen Skaldengedichte zeigen.

Aus dieser Zeit wird auch der Name „Thrudvangr" für die Wiese, auf der Thors Halle steht, stammen. Diese „Wiese der Thrudr" ist dann wohl eine Umschreibung für das Jenseits gewesen, aus dem Thor jedes Jahr am Sommerende zurückkehrt, wenn er in den Spätsommergewittern die in der Unterwelt wohnende Regenräuberschlange besiegt hatte.

Spätestens in dieser Zeit wird wohl auch das Frauenhaarmoos (Polytrichum aureum) den Namen „Sifs Haar" und „Freyas Haar" erhalten haben. Möglicherweise wurde dieses Moos in Analogie zu dem Getreide als dem Haupthaar der Sif als die Körperbehaarung der Göttin angesehen. Aus der Heilerin- und Beschützerin-Funktion der Sif-Menglöd wird sich auch ihr Schutz gegen „böse Magie" gebildet haben, der dem mit ihr assoziierten Moos den Namen „Widertonmoos" („Schutz gegen böse Magie") gegeben hat.

7. Kapitel: Völkerwanderungszeit

- von 375 v.Chr. bis 568 n.Chr. -

Während dieser Epoche ständiger Kriege trat der Schamanen- und Kampfekstasegott Odin an die Stelle des Göttervaters Tyr. Spätestens durch diese Veränderung wurde er auch wie Tyr zum Sohn und zum Geliebten der Freya/Frigg/Sif. Auch der Donnergott Thor, der mit dem Göttervater Tyr assoziiert gewesen ist, erhielt dadurch eine Bindung zu Odin, der viele der früheren mythologischen Motive des Tyr übernahm. So wurde Odin schließlich der Mann der Frigg und Thor der Sohn des Odin.

Durch die in dieser kriegerischen Zeit so wichtige Stellung des Anführers im Kampf erhielten der Kriegsgott Odin und der Kampfgott Thor eine immer stärkere Stellung, wodurch sich das Geliebter/Sohn-Verhältnis zu der Göttin in ein Frau-Mann-Verhältnis wandelte, in dem die Göttin weitgehend dem Gott untergeordnet war. Dadurch wurde die Göttin Freya/Frigg/Sif/Thrudr als Frigg zur Frau des Odin und als Thrudr zur Frau des Thor, während Freya weitgehend selbständig blieb.

8. Kapitel: Spätzeit der Germanen

- von 568 v.Chr. bis 1.250 n.Chr. -

Spätestens in dieser Phase der Entwicklung der germanischen Mythologie wurde auch der wiedergeborene Gott Tyr durch den Gott Ullr als Sohn der Sif ersetzt.

Vermutlich trat erst nach 1000 n.Chr. Sif an die Stelle der Thrudr als Frau des Thor, wobei Thrudr zur Tochter des Thor wurde. Dies läßt vermuten, daß Thrudr schon vorher als Tochter der Sif aufgefaßt worden sein könnte.

Das Alter der Vorstellung, daß die Göttin Freya-Menglöd auch eine Göttin der Gemüsepflanzen, läßt sich kaum einshätzen.

9. Kapitel: Märchen

- ab 1.250 n.Chr. -

Die direkteste Nachfolgerin der Sif mit dem goldenen Haar ist in den Märchen sicherlich die Goldmarie in „Frau Holle".

Rapunzel („Feldsalat") und Dornröschen sind Nachfolgerinnen der Göttin Menglöd, die in einem Schloß hinter einer Dornenhecke lebte.

Schneewittchen stellt schließlich die Reise in die winterliche Unterwelt dar, in der schon in der Edda die Zwerge für die Göttin sorgten und ihr neues Haar erschufen. Dieses Märchen wird vermutlich auf eine winterliche Jenseitsreise der Korngöttin zurückgehen.

Schneewittchen und auch Goldmarie sind Entsprechungen zu der griechischen Kore und Demeter, mit denen ebenfalls eine Unterweltsreise verbunden ist.

V Das Aussehen der Göttin Sif

Für das Aussehen der Göttin Sif gibt es nicht viele Anhaltspunkte. Am prägnantesten ist ihr goldenes Haar. Es lassen sich jedoch noch einige andere Merkmale rekonstruieren.

Als schützende Göttin sollte sie einen selbstbewußten, „starken" und zugleich freundlichen und fürsorglichen Gesichtsausdruck haben. Das Gesicht der Göttin muß man sich vermutlich nicht jung, sondern eher zeitlos vorstellen, da sie vor allem eine Muttergöttin war, die nur sekundär über die Wiederzeugungssymbolik auch eine Geliebte gewesen ist. Sif und Freya scheinen zudem die schönsten Göttinnen gewesen zu sein, da der Riese Hrungnir von allen Asen nur diese beiden Göttinnen am Leben lassen und sie entführen wollte.

Sifs Kleidung wird der Kleidung der germanischen Frauen entsprochen haben. Diese trugen damals einen Kittel mit Ärmeln, ein Kleid, einen Mantel sowie einen Gürtel mit Tasche und Schuhen. Diese Kleidung wurde aus gewebten Woll- und Leinenstoffen hergestellt, die z.T. durch Felle ergänzt wurden. Die Stoffe wurden manchmal auch eingefärbt.

Der Kittel war eine Art langes Hemd mit langen Ärmeln, die wie bei den Männern recht eng zugeschnitten wurden. Die Naht der Ärmel lag an der Vorderseite und nicht wie heute an der Unterseite. Der Kittel wurde meist an der Seite geschnürt, sodaß er eng anlag.

Über diesem Kittel trugen die germanischen Frauen ein langes Kleid, das „Peblos" genannt wurde. Dieses Kleid bestand aus einem weiten „Stoffschlauch" der nur wenig kürzer als die betreffende Person groß war. Die Frau zog sich diesen „Schlauch" über, schlug den oberen Teil bis unter die Achseln hinab nach außen um, sodaß oben über dem Kleid (unter ihren Armen) eine Art „Schal" lag, und befestigte den „Schlauch" über ihren beiden Schultern mit je einer Fibel („Sicherheitsnadel"). Dafür zog sie vorne und hinten je ein Stück Stoff des „Schlauches" bis auf die Schultern hoch und steckte dann den Dorn der Fibel durch beide Stoffstücke. Dieses Kleid wurde unter den Brüsten und evtl. auch um die Taille mit je einem Gürtel zusammengebunden.

Manchmal wurde statt des Kleides auch ein Rock getragen. Auch er war ein „Stoffschlauch", der bei Mädchen nur ca. 30cm lang war, aber bei den Frauen bis zu den Füßen reichte. Auch er wurde mit dem Kittel kombiniert.

Über dem Kittel und dem Rock bzw. Kleid trugen die Germaninnen wie die Männer einen Umhang. Er bestand aus einem ca. 1,80m x 3m großen Stoffstück, das am Rand oft durch ein Muster aus aneinandergereihten Quadraten verziert war. Der Umhang wurde über der rechten Schulter durch eine Fibel zusammengehalten.

An dem Gürtel um die Hüfte hing evtl. eine Tasche, in dem sich wichtige Gegenstände befanden.

Die Schuhe waren recht einfach und bestanden oft lediglich aus einem Lederstück, das kunstvoll um den Fuß gebunden wurde.

Es lassen sich nun Überlegungen darüber anstellen, ob die Kleidung der Sif wohl besondere Merkmale gehabt haben könnte. Als Getreidegöttin lassen sich die Farben goldgelb, grün und braun vermuten. Ein brauner Kittel und ein grünes Kleid und darüber ein goldgelbes Gewand würde zumindest farblich gut das „Getreide auf der Erde" symbolisieren.

Die Fibel an ihrem Mantel könnte in der Form eine Getreideähre oder einer Garbe gearbeitet sein. Als Motiv für die beiden Fibeln an ihrem Kleid würden eine Blume für den Sommer und ein Schneekristall für den Winter passen – aber es ist unwahrscheinlich, daß Sif solche Fibeln getragen hat, auch wenn sie zu ihrem Charakter passen würden.

In ihrer Tasche könnten sich Getreidekörner befinden, die sowohl die Ernte als auch die Aussaat darstellen.

Als Ort, an dem die Göttin steht, liegt ein Getreidefeld nahe. Da Sif in ihrer Mythe sowohl mit goldenen Haaren als auch mit geschorenen Haaren erscheint, liegt es nahe, das Feld, auf dem sie steht, zweizuteilen: eine Hälfte mit reifem Getreide und die andere Hälfte als Stoppelfeld. Es wäre passend, wenn Sif dabei genau auf der Trennungslinie stände und sich die beiden Fibeln an ihrem Kleid (Blüte und Schneeflocke) auf den entsprechenden Schultern befänden. Man könnte sich die Göttin auf ihrer „Sommerseite" mit langem, wallendem, goldenem Haar vorstellen und auf ihrer „Winterseite" mit kurzgeschorenem Haar.

Mit der Göttin Sif sind die Gottheiten Thor, Ullr, Loki und Thrudr verbunden. Thor könnte auf der einen Seite der Göttin im Sommerfeld stehen und Loki und Ullr auf der anderen Seite im Winterfeld. Thrudr, die vermutlich die wiedergeborene Sif, also das wiedergeborene Getreide ist, könnte entweder neben Thor im Sommerfeld stehen (was ein symmetrisches Bild ergeben würde) oder vor Sif (dann müßte sie deutlich kleiner als Sif sein).

Im Hintergrund der Szene steht der Weltenbaum mit der Quelle Hvergelmir zwischen seinen Wurzeln, der der Eingang zur Unterwelt ist. Auf dem Wipfel des Baumes sitzt evtl. der Hahn Güldenkamm bzw. Windswalr sowie links und rechts neben der Quelle, also dem Jenseitstor, Odins Wölfe Geri und Freki.

Dieses Bild kann durch das Heim der Sif-Menglöd ergänzt werden, das von einem Wall, einer Dornenhecke und einer Waberlohe umgeben ist. In diesem Bild sollten sich Sif und die anderen Gottheiten innerhalb des befestigten Hauses befinden.

VI Zugang zu der Göttin Sif

Die Göttin Sif ist eine der Gottheiten, deren Wesen am leichtesten und direktesten erfaßbar ist: Sie ist die Mutter als Ernährerin.

Solch eine Göttin ist so gut wie jedem Volk bekannt: Demeter bei den Griechen, Ceres/Proserpina bei den Römern, Ceroklis bei den Slawen, Lakshmi bei den Indern, Maria im Christentum, Isis bei den Ägyptern, Pte-san-win bei den Dakotas, Sara-Mama bei den Inkas, Ma bei den Bantus usw.

Als Ernährerin ist Sif auch die Erdgöttin. Einer der einfachsten Wege zu ihr ist es daher, sich draußen in der Natur auf die Erde zu legen, loszulassen und die Erde zu spüren.

Auch jede eigene nährende Tätigkeit wie Getreide oder Gemüse anbauen, kochen, Brot backen, einen Säugling stillen und ähnliches gehört in den Bereich der Sif.

Das wichtigste ist jedoch das Erlebnis des eigenen Ernährt- und Getragenwerdens. Um zu diesem Urvertrauen zurückzufinden, können Schwitzhüttenrituale sehr hilfreich sein. Man kann auch innerlich in einer Meditation oder in einer Traumreise zu Sif oder zu einer anderen Muttergöttin gehen, die eigene Nabelschnur zu ihr spüren und sie bitten, von ihr (in der Vision) gestillt zu werden. Dieses Erlebnis der Sif oder einer anderen Göttin als der eigenen Mutter ist eins der wichtigsten und archaischsten spirituellen Erlebnisse, da es die Verbundenheit mit der Welt wiederherstellt. Unter Umständen ist dies jedoch ein längerer magischer, spiritueller und therapeutischer Weg.

In der heutigen Zeit ist das Ernährtwerden nur noch selten direkt mit der Landwirtschaft verbunden wie zu der Zeit der Germanen, sondern in der Regel mit der Ausübung eines der heutigen vielfältigen Berufe. Es wäre daher naheliegend, die Göttin Sif z.B. auch bei Arbeitslosigkeit um Hilfe zu bitten.

Es ist auch keineswegs abwegig, einmal im Juli/August in eine Gegend, in der viele Kornkreise auftreten, d.h. am besten nach Südengland in die Gegend von Stonehenge, Woodhenge, White Horse, Avebury und Salisbury zu fahren und sich in einen der Kornkreise zu setzen und nachzuspüren, was man dort erlebt …

VII Hymnen an Sif

Die folgenden Verse sind keine Überlieferung aus germanischer Zeit, sondern Neudichtungen. Der Stil ist ansatzweise germanisch und ebenso die verwendeten Bilder, Heitis (Umschreibungen durch ein Wort) und Kenningar (Umschreibungen durch zwei Worte).

Der Zweck dieser Verse ist ihre Verwendung bei Ritualen und vor Meditationen sowie die Anregung dazu, sich selber in manchen Situationen an die Göttin Sif zu wenden. Es handelt sich also nicht um Kunstwerke, sondern eher um „Gebrauchslyrik".

1. Getreidegöttin

Sif – gütige Goldhaar-Göttin:
Weizenfelder wogen im Sommer,
strahlend und gelb unter der Sonne –
der größte Goldschatz der fruchtbaren Erde.

Sif – gütige Goldhaar-Göttin:
Loki senst mit seiner Sichel,
kahle Stoppelfelder im Herbst –
Getreide füllt die großen Speicher.

Sif – gütige Goldhaar-Göttin:
Menglöd ist hinter Mauern verborgen,
Rapunzel ruht in hohem Turm –
Schnee deckt mit Schweigen das Winterland.

Sif – gütige Goldhaar-Göttin:
Zwerge fertigen goldene Flechten,
tief in der feuchten Erde im Frühling –
Freyas Haar sprießt aus dem Boden.

Sif – gütige Goldhaar-Göttin:
wieder trägst Du den Wald des Hauptes,
die Fülle des Haares, die Vielfalt der Pflanzen –
gib Gerste und Dinkel: reichlich Brot!

2. Sif, die Geliebte

Ich bin noch jung, ein Lieder-Jäger,
ich lerne Verse: ein Lehrling der Skalden;
vieles zeigt und sagt man mir,
und ich finde viele Fragen.

Thor der große Thursentöter
ist der Gatte der Sif;
doch auch Tyr der tapferste Ase,
soll mit Sif gemeinsam leben.

Und Loki der listige Ränkeschmied
ist der Vater eines Sohnes der Sif.
Nur Hildisvinis Herrin hat
noch mehr Freier in ihrem Heim.

Bist Du Freyas Schwester, Sif?
Thor und Tyr sind edle Asen;
doch warum wurde Sensen-Loki
der Vater des stillen Schneefahrt-Asen?

Wo traf Dich Loki, Goldhaar-Göttin?
War es nach dem Sensen, Scheren
Deines Weizens, Deiner Haare?
War es im Winter, in Hels Halle?

Kam auch Tyr in der kalten Höhle
der weißen Winter-Riesin zu Dir?
Geschah es in der Schwarzalben Gemächer?
Waren die Asen damals selber Zwerge?

Mir deucht, daß Du Freya bist,
Sif, freigiebige Getreide-Göttin;
denn auch sie ist die Geliebte
der dunklen Unterwelt-Bewohner.

„Lieder-Jäger": Kenning für „Dichter"
„Hildisvinis Herrin": „Hildisvini" bedeutet „Kampfschwein"; dieses Wildschwein

ist das Reittier der Freya; „Hildisvinis Herrin" ist daher Freya

„*Sensen-Loki*" ist eine Anspielung darauf, daß Loki das Haar der Sif, das das Getreide symbolisiert, abgeschnitten hat – Loki ist sozusagen der „Sensenmann".

„*Schneefahrt-Ase*": Kenning für den Asen Ullr, der auf Skiern durch den Schnee fuhr

Da die Germanen das Jenseits auch mit den Gletschern im Norden assoziierten, verbanden sie vermutlich auch den Winter mit der Unterwelt und daher mit den Hallen der Unterweltsgöttin Hel. Dort schufen die Zwerge der Sif ihre neuen Haare. Da „Zwerg" im germanischen „Totengeist" bedeutet, könnte sich die im Winter „kahle" Sif auch in der Unterwelt bei Hel (und den Zwergen) befunden haben (wie Schneewittchen).

„*weiße Winter-Riesin*": Kenning für Hel, die eine Riesin war und vermutlich auch mit dem Winter assoziiert wurde

„*Schwarzalben*": Zwerge

„*Unterwelt-Bewohner*": Kenning für „Zwerge"; die vier Zwerge, die für Freya deren Kette „Brinsinggamen" herstellten, verbrachten als Lohn dafür jeder eine Nacht mit ihr; Freya war als die Göttin der Wiederzeugung sowohl eine Liebes- als auch eine Totengöttin

3. Beschützerin-Zauberspruch

Moos, Moos, mind're den Schmerz,
heile die Wunde, hege den Wall,
flechte unserem Weiler Frieden,
Sif Goldhaar, beschütze uns!

Asin der Erde, Mutter der Menschen,
gib' uns immer gute Gaben
durch Dein Güldenhaarmoos,
weich wie der Flaum auf Deiner Haut.

Sif, Seherin und Beschützerin,
Dein Widertonmoos ist mächtig
gegen alle Worte wider uns,
gegen Zaubersprüche, gegen magische Lieder.

Moos, Moos, mind're den Schmerz,
heile die Wunde, hege den Wall,
flechte unserem Weiler Frieden,
Sif Goldhaar, beschütze uns!

4. Ernte-Zauberspruch

Hohe Halme, hohe Halme:
lang wie das leuchtende Haar der Sif!
Goldene Grannen, goldene Grannen:
glänzend wie das Scheinen der Sonne!

Wogender Weizen, wogender Weizen:
endlos wie die Wiesen und Wälder!
Gelbe Gerste, gelbe Gerste:
dicht wie die Felsengebirgs-Föhren!

Reifer Roggen, reifer Roggen:
mehr als Menglöds schimmernde Schätze!
Kostbare Körner, kostbare Körner:
wie die Fülle von Freyas Schmuck!

Gedroschener Dinkel, gedroschener Dinkel:
mehr Mehl als Schnee im tiefsten Winter!
Gebackenes Brot, gebackenes Brot:
Dampfend, duftend auf Sifs Tafel!

5. Bitte um Hilfe an Sif

Sif – Seherin, weise Zauberin,
hilf mir, eine Heimat zu finden,
ein festes Haus mir zu bauen,
ein Feld zu roden und zu bepflanzen!

Sif – für meine kleine Schmiede
gib' mir reichlich gutes Eisen;
Sif – für meine Schreinerei
gib' mir reichlich gutes Holz.

Goldhaar-Göttin, gute Mutter,
laß mich Brot und Lohn jetzt finden,
öffne mir die Türen der Meister,
öffne mir die Hände der Herren.

Goldhaar-Göttin, gute Mutter,
führe meine Füße zu dem Ort,
wo meine Hände hurtig schaffen
und mein Herz sich öffnen kann!

VIII Traumreise zu Sif

Eine Traumreise ist eine spezielle Form der Meditation. Sie ist ein bewußter Traum, also ein Tagtraum, den man absichtlich in Gang gesetzt hat und dessen Thema man selber bestimmt hat. Um solch eine Traumreise zu beginnen, legt oder setzt man sich bequem hin, schließt die Augen und sagt sich innerlich, zu welchem Thema man etwas sehen will. Man kann sich auch eine Tür vorstellen, das gewünschte Thema auf diese Tür schreiben und dann durch die Tür gehen. Dann schaut man, welchen Bilder, Assoziationen u.ä. auftreten.

Zunächst sollte man diesen inneren Eindrücken einfach folgen und sie sich merken. Nach dem Ende einer solchen Traumreise kann man dann überlegen, was man von ihr hält und was sie wohl bedeuten mag.

Ich lege mich hin, decke mich mit einer Wolldecke zu und sammle mich innerlich. Noch während ich mich gefragt habe, auf welche Weise ich innerlich zu Sif reisen soll, sehe ich ein Getreidefeld vor mir.

Ich stehe an einer der Ecken des Feldes, an der ein großer Findling liegt. Die Szene wirkt irgendwie wie aus alter Zeit. Ich schaue mich um und sehe weitere Felder, Baumreihen, Feldwege zwischen den Feldern …

„Wo bist Du, Sif?" Allmählich erscheint über dem Getreidefeld oder vielleicht auch in dem Getreide ein Frauengesicht, das von goldblonden Haaren umgeben ist. Es ist wie ein Schemen, wie ein durchsichtiges Bild, das sich dem Anblick des Getreidefeldes überlagert. Sif schaut mich an, aber sagt nichts. Ich schaue sie an und warte.

Schließlich gehe ich zu ihr hin. Sie sitzt auf einem schlichten Thron – es könnte ein großer Holzklotz sein oder ein großer Stein – ich kann es nicht genau erkennen. Sie nimmt mich hoch auf ihren Schoß und ich merke, daß ich ihr gegenüber wie ein kleines Kind bin – sie ist Mutter Sif. Ich lehne meinen Kopf an ihre Brust und nach und nach kann ich loslassen und ich muß einige Male seufzen. Dann bin ich angekommen. Ich sitze da auf ihrem Schoß inmitten des Getreidefeldes und spüre ihre Wärme und Nähe und den Halt, den sie mir gibt.

Sie entblößt ihre rechte Brust und läßt mich ihre Milch trinken. Ich werde wohlig-entspannt und angenehm müde, aber nicht wirklich schläfrig – eher bequem und behaglich.

Ich blicke über die Felder und es gibt nichts zu tun. Ich spüre ihre Brüste, ihren Herzschlag, ihren Atem …

Ich sehe in ihrer linken Hand einen Stab, der fast so hoch ist wie sie selber. An ihm schlängelt sich eine Schlange empor. Das macht mir jedoch keine Angst, denn es fühlt sich richtig so an. Unten um ihren Thron und ihre Füße ringeln sich viele weitere Schlangen – ich spüre, daß Sif auch Hel ist. Eine der Schlange kommt emporgekrochen und trinkt an Sifs Brust – ich kann fühlen, daß dies eine Seele in Schlangengestalt ist.

Es tauchen erotische Impulse auf und ich wundere mich darüber. Da verändert sich die Szene: Es ist, als ob wir in die Erde sinken würden. Es wird dunkler, aber es bleibt warm und ich liege neben Sif. Es entsteht eine seltsame Verbindung zwischen uns: Es ist, als ob wir uns vereinen würden, obwohl ich das nicht erlebe – eine Art „innere Vereinigung". Es ist zugleich die Stimmung wie zwischen zwei Liebenden und wie zwischen Mutter und Kind da, und auch wie das Liegen auf der Erde in der Natur – es ist ein Gemisch und das Grundgefühl ist Nähe, Berührung, Lebendigkeit, Geborgenheit, Erotik ... wie ein prickelnd-erotisches Keimen des Lebens aus einer tiefen Geborgenheit heraus.

Wir liegen lange dort unten in der Erde. Schließlich entsteht ein neuer Impuls und wir steigen auf – ganz langsam. Die Erde ist grün von jungem Getreide. „Ich bin das Getreide. Ich bin die Wiesen. Ich bin die Felder. Ich bin immer da." spricht Sif zu mir.

Ich bleibe noch eine Weile auf ihrem Schoß sitzen und rutsche dann hinunter. Ich gehe am Rand des Feldes umher, schaue mir den Findling an, erkunde die Baumreihen zwischen den Feldern, gehe zu dem Bach, der auf der anderen Feldseite entlangfließt und kehre zwischendurch immer wieder zu Sif zurück. Manchmal lehne ich mich nur kurz an sie an und gehe dann wieder, ein anders Mal sitze ich wieder auf ihrem Schoß und sie hält mich im Arm oder stillt mich.

Diese Fülle von Geborgenheit und Leben und Sicherheit ist kaum zu beschreiben. Ich kann tun, was ich will, und entdecken, was ich will, und Sif ist immer da – in mir und um mich herum und ich jederzeit zu ihr zurückkehren und mich bei ihr einkuscheln.

Das ist ein gutes Lebensgefühl!

IX Sif heute

Sif ist wie Gaia und viele andere Göttinnen die Erde – daher ist sie die Quelle von allem Leben auf der Erde.

Sif ist wie Kore, Ceres, Ceroklis, Sara-Mama und viele andere Göttinnen das Getreide – daher ist sie Quelle der Ernährung von uns Menschen. Als Getreidegöttin und als Beschützerin der Erde ist Sif wie die griechische Demeter auch mit dem ökologischen Landbau verbunden.

Sif ist wie Isis, Inanna, Pte-san-win und viele andere Göttinnen die Große Mutter – daher ist sie die Quelle des Urvertrauens und der Geborgenheit.

Das Urbild der Mutter wird immer und überall wichtig sein – nicht nur für die Menschen, sondern auch für viele Tiere. Das Bild der Großen Mutter wird sich ändern und andere Namen annehmen, aber die Mutter wird bestehen bleiben.

Verzeichnis der Themen

(die Zahl ist die Nummer des Bandes, in dem sich das Thema findet)

1 47	540 47	Alius 32	Aur 55
2 47	700 47	Alraune 45	Aurboda 35
3 47	800 47	Alsvatr 5	Aurgelmir 5
4 47	900 47	Alswid 34	Aurgrimnir 5
5 47	1.200 47	Althiof 7	Aurnir 34
6 47	10.000 47	Alvor 35	Aurvandil 20
7 47	432.000 47	Alwis 7	Aurwang 7
8 47	1+8=9=8+1 47	Alwit 31	Aurwang 48
9 47	**Adler** 40	Ama 35	Austri 32
10 47	Adler auf dem	Amboß 67	Auzon => Kiste
11 47	Weltenbaum 41	Amgerdr 28	Axt 66
12 47	Adler bei der	Ampfer 45	**Bafur** 32
13 47	Einweihung 40	Andad 34	Bakrauf 35
14 47	<u>Adlergestalt</u>:	Andhrimnir 39	Baldrian 45
15 47	- des Franmar 40	Andvari 7	Baldur 9
16 47	- des Hraesvelgr 40	Angantyr 39	Bara 35
17 47	- des Odin 40	Angeyja 35	Bari 6
18 47	- des Thiazi 40	Angrboda 26	Bari 20
20 47	Adler-Traum der	Ann 32	Baugi 5
22 47	Kostbera 40	Annar 20	Bär 43
23 47	Aelrun 31	Arm-Wunde 63	Bärenfell 62
24 47	Affe 44	Arngrim 6	Barke 49
28 47	Agdai 39	Apfel 45	Bärlapp 45
30 47	Ägir 10	Asen 36	Basilikum 45
32 47	Agnar 39	Asgard 52	Beifuß 45
33 47	Ahnen 36	Ask 39	Beinvidr 34
36 47	Ai 32	Aslaug 31	Bekkhild 31
37 47	Aki 6	Asperan 34	Beleidigungs-
40 47	Aki 16	Astralreise 50	Wettstreit 73
41 47	Alban 32	Asvid 6	Beli 5
46 47	Alberich 7	Atem 64	Beowulf 39
48 47	Albewin 7	Atla 35	Bergdis 28
72 47	Alcis 12	Atli 37	Bergelmir 6
80 47	Alf 6	Atward 20	Bergriese 6
90 47	Alf 32	Auchoff 34	Berg-Zwerge 32
99 47	Alfarin 34	Aud 20	Berling 32
100 47	Alfen 36	Auerhahn 40	Bertha 28
120 47	Alfhild 31	Auge 63	Berserker 62
300 47	Alfrigg 32	Augenbraue 63	Bertram 45

Bertramsgarbe 45
Besen => Stab
besonderer Schrei 64
Bestattung 64
Bestla 35
Betonica 45
Beyla 39
Biber 44
Biene 40
Bifröst 49
Bifur 32
Bikki 16
Bil 29
Bild 7
Billing 5
Billing 7
Bilsenkraut 45
Birkhuhn 40
Biört 29
Björgolfr 6
Björgulfr 34
Blain 33
Blapthvari 34
Blasebalg 67
blau 46
Blau-Menschen 36
Blau-Riesen 36
blau-schwarz 46
Blick 63
Blid 29
Blidur 29
Blind 16
Blindheit 63
Blodughadda 35
Blutsbrüder 55
Bödhild 28
Bogen 66
Bömbur 32
Bölthorn 5
Borr 34
Botewart 7
Both 20

Bragi 19
Bragi-Riesin 35
Brak 16
Brana 35
Brandingi 5
braun 46
Brenner 39
Brezel-Ornament 64
Brimir 33
Brisingamen 60
Brokk 32
Brombeere 45
Brücke 49
Bruderkampf 55
Brüngerd 35
Brünhild 31
Bruni 5
Bruni 32
Brünne 66
Brunnen 49
Buri 34
Bryja 35
Bryla 34
Bryngerd 28
Buri (Zwerg) 32
Buseyra 35
Byggvir 39
Byleist 20
Bylgia 35
Comandion 7
Dag 48
Dagfinnr 32
Dain 32
Dalar 32
Dalr 32
Delling 20
Delling 48
Dellingr 32
Delphin 44
Dietwarta 29
Disen 36
Distel 45

Diurnir 7
Dofri 34
Dolgtrasir 32
Donnerrebe 45
Dori 32
Dorn => Schlafdorn 55
Drachen 41
Drachenblut => Drachen
Drachenschiff 55
Drasian 6
Draupnir (Zwerg) 32
dreifarbiger Stein 67
dreiköpfiger Riese 5
drei Riesinnen 35
drei wahre Worte 64
Drifa 35
dritter Bruder 55
Dröfn 35
Drossel 40
Drudgelmir 5
Duf 32
Dufa 35
Dufr 32
Dulin 32
Dumbr 6
Dunneir 32
Durathor 32
Durin 32
Durnir 32
Durnir 34
Düsterwald 49
Dwalin 32
Eber 42
Eberesche 45
Edda (vollständig) 77
Efeu 45
Egdir 5
Egil 39
Ei 40
Eibe 45

Eiche 53
Eicheln 45
Eichhörnchen 44
Eid 68
Eik 28
Eikinskjaldi 32
Eimer 67
Eimgeitir 35
Eimyria 35
Einäugigkeit 63
Einheer 34
Einweihung 50
Eir 29
Eir 31
Eis 52
Eisa 35
Eisen 55
Eisenkraut 45
Eisriesen 34
Eistla 35
Eisurfala 35
Eiymyria 35
Ekstase-Kieger 62
Elch 42
Eldhrimnir 57
Eldir 39
Eldr 34
Elefant 42
Elendshaut => Hel-Haut
Else 35
Erde 52
Embla 28
Embla 39
Ente 40
Erce 20
Erdbeben 55
Erste Ursache 55
Eschenholzkasten => Kiste 57
Esel 42
Estroval 39

Eugel 7	Fiölvör 35	Frühlingstagund-	Geitla 35
Eule 40	Fiörgyn 20	nachtgleiche 54	Geitir 35
Eyrgjafa 35	Fiörgyn 23	Fulla 29	gelb 46
Faden 55	Fisch 44	Fullas Haarreif 60	Geliebter der Gefion 6
Fafnir (Zwerg) 32	Fjölverkr 34	Fullafle 34	
Fährmann 49	Fjötra 29	Fundin 32	Gerber-Schaber 67
Fala 35	Flachs 45	Fuß 63	Gerdr 28
Falkenkleid:	Flegda 35	Fylgia 50	Geri 43
- der Freya 40	Fleur-de-lys 55	Fynir 6	Gespenst 50
- der Frigg 40	Fleggr 34	Fynir 34	Gestaltwandel => Verwandlung
Falke 40	Fliege 40	**Galar** 32	
Fallar 32	Fluch 68	Galarr 34	Gesang 68
Farbauti 6	Flügel des Wieland 40	Galdr 64	Gestilja 35
Farn 45		Gallapfel 45	Getreide 45
Farseti 6	Flügelschuhe 67	Gandalf 32	Gewöhnlicher Flachbärlapp 45
Faulheit =>	Flugschuhe des Loki 40	Ganglati 34	
Feuersitzen 55		Ganglot 6	Geysa 35
Feima 35	Fluß 49	Gangr 34	Gialar 32
Fenchel 45	Freya 22	Gangr 33	Gift 70
Fenja 28	frühe Skaldenlieder 78	Gans 40	Gifur 43
Fenrir 6		Gänsefuß 45	Gigas 6
Fenrir 43	Freyr 15	Garm 43	Gilling 6
Fernhypnose 64	Fried 29	Gautan 39	Gillings Frau 28
Ferse 63	Friedenszauber 6	Gautrek-Saga => Snotra	Ginnar 32
Fessel 66	Fridr 29		Ginnungagap 49
Fessel-Zauber 64	Frigg 21	Geban 20	Gjalp 35
Feuer 55	Folde 20	Geburts-Orakel 64	Glamr 34
Feuersitzen 55	Fonn 34	Gefäße 57	Glatundshundr 43
Feuerzauber 64	Forat 35	Gefion 20	Glaumar 34
Fialar 32	Forelle 44	Gefion-Geliebter 6	Glaumarr 34
Fid 32	Fornjotr 6	Gefiun 20	Glaumr 6
Fieberkraut 45	Forseti 19	Gefjon 20	Glenr 48
Fili 32	Frägr 32	Geist 50	Glitni 5
Fimafeng 39	Franmar 37	Geier 40	Glöd 35
Fimbulwinter 55	Frar 32	Geirahöd 31	Gloi 32
Finger 63	Freki 43	Geiravör 31	Glück 64
Finnalf 5	Frosti 32	Geirdriful 31	Glückstrank 70
Finnar 32	Frosti 34	Geirönul 31	Glumra 35
Finnmark-Riese 34	Fruchtbarkeit 64	Geirröd 5	Glymra 35
Fiölkald 34	Fuchs 43	Geirrota 31	Gna 29
Fiölmor 39	Frauenhaarfarn 45	Geirskögul 31	Gneip 35
Fiölnir 20	Frühling 54	Geitir 6	Gnepja 35

Goi 34
Gold 55
Goldalter 55
Goldemar 7
golden 46
Goldhelm 66
Goldhörner von Gallehus 57
Göll 31
Golnir 5
Göndul 31
Gorr 34
Görsemi 29
Götter 36
Götterdämmerung 55
Götterkampf 55
Göttermet 69
Götter-Tiere 44
Gottesurteil 64
Gurgelbiß 55
Grab 49
Grani 6
grau 46
Grendel 5
Grendels Mutter 35
Greppur 34
Grer 32
Grid 28
Grid 35
Grim 5
Grim 39
Grima 35
Grimhild 31
Grimling 5
Grimnir 5
Grim Struppig-Wange 79
Grip 35
Gripir 34
Grissa 35
Groa 28
Grottintanna 35

Grotunagard 52
grün 46
Gryla 35
Gudr 31
Gudrun 31
Gudmund 5
Gullnir 5
Gullveig 29
Guma 35
Gundelrebe 45
Gunn 31
Gunnlöd 28
Gunnthinga 31
Gürtel 60
Gusir 6
Gygr 35
Gylfaginning 77
Gyllir 5
Gyllir 34
Gyma 20
Gymir 5
Haarband 60
Haare 63
Habicht 40
Hafle 34
Hafli 5
Hafthi 39
Hagen 16
Hahn 40
Hala 35
Halfdan 39
Halfdan Brana-Ziehsohn 79
Halfdan Eisteinson 79
Hamdir 39
Hamingja 50
Hammer 66
Hand 63
Handschuhe 60
Hanf 45
Hannar 32
Hantel-Symbol 55

Har 32
Hära 35
Hardbeen 6
Hardgreip 35
Hardgreipir 34
Hardverkr 34
Harek Eisenkopf 6
Harfe 57
Harz 45
Hase 44
Hasel 45
Hastingi 34
Hati 5
Hati 43
Hattatal 77
Haudr 20
Haugspori 32
Haym 34
Hecht 44
Hedin 39
Hedin und Högni 79
Hefring 35
Heid 35
Heiddraupnir 5
Heide 49
Heidrek 39
Heidungi 6
Heilige Hochzeit => Wiederzeugung 55
Heiliger Hain = Weltenbaum 52
Heilung 64
Heilziest 45
Heimdall 8
Heimir 39
Heinir 34
Heith 35
Heithdraupnir 5
Hel 26
Helblindi 20
Helgi 39
Helgi Thorisson 79

Hel-Haut 49
Helidi 27
Hellebarde 66
Helreginn 5
Helm 66
Hengikefta 35
Hengiköpt 6
Hengjankapta 35
Hepti 32
Herbst 54
Herbsttagundnachtgleiche 54
Herche 20
Herdentiere 42
Herdentierfell 42
Herfjötur 31
Hergrim Halbtroll 5
Hergunnur 35
Heri 32
Herja 31
Herkir 6
Herkja 35
Hermodr 37
Hertha 28
Hervor => Heidrek
Hervor und Heidrek => Heidrek
Herz 63
Hexe 58
Hianka 31
Hidde 34
Hild 31
Hildolf 5
Hildolf 20
Himingläva 35
Himmel 52
Himmelsrichtungs-Mandala 54
Himmelsträger-Zwerge 32
Hirsch 42
Hjaltrimul 31

Hjortrimul 31	Hraudnir 6	Hymir 6	Jenseitsbarke 49
Hjötra 28	Hraudungr 5	Hymnen an die Götter 80	Jenseitsberge 49
Hjuki 29	Hrede 29		Jenseitsbrücke 49
Hläwang 32	Hreidmar 7	Hyndla 26	Jenseitsfährmann 49
Hlebard 6	Hremsa 35	Hypnose 64	Jenseitsfluß 49
Hleidr 35	Hrimgerdr 28	Hyrrokkin 26	Jenseitsgrenzen-Landkarte 49
Hler 10	Hrimgerdr 35	**Idi** 34	
Hlidolf 32	Hrimgrimnir 34	Idun 25	Jenseitshalle 49
Hlif 29	Hrimnir 34	Igel 44	Jenseitsinsel 49
Hlifthursa 29	Hrim-Riesen 34	Illugi Grid-Ziehsohn 79	Jenseitsleiter 49
Hlin 29	Hrimthurs 34		Jenseitsmauer 49
Hlodyn 20	Hringi 5	Ilmr 29	Jenseitsreise 49
Hlödyn 20	Hringvölnir 5	Ima 35	Jenseitstor 49
Hloi 34	Hripstodr 34	Imd 35	Jenseitstor-Gitter 49
Hlöll 31	Hrist 31	Imgerdr 35	Jenseitstor-Hund 49
Hlora 35	Hrist 29	Imr 6	Jenseitswächter 49
Hnoss 29	Hrisungr 6	Imsigul 34	Jenseitswald 49
Hochsitz 57	Hroarr 5	Imth 35	Jenseitswasser => Wasser 49
Hochsitzsäulen 57	Hrod 35	In 20	
Hoddraupnir 5	Hrodwitnir 5	Ingibjörg 29	Jenseitsweg 49
Hoddrofnir 5	Hrodwitnir 43	Ingibiörg 31	Johanniskraut 45
Hödur 19	Hrökkvir 6	Intuition 64	Jokul 34
Hofund 19	Hrönn 35	Inzest 51	Jokul Eisenrücken 34
Höggstari 32	Hrossthjofr 34	Irmin 20	Jörd 23
Högni 16	Hrotti 5	Irpa 29	Jomali 20
Högni 39	Hruga 28	Istwas 20	Jörmungandr 41
höhere Mächte 36	Hrungnir 5	Itrek 5	Jörmunrek 39
Holmgang => Zweikampf 55	Hrungnir-Herz 67	Itreksjod 5	Jorunn 29
	Hryggda 35	Itreksjod 20	Jötunn 6
Holunder 45	Hyria 35	Ividja 35	Jotunbjorn 6
Homöopathie 64	Hrym 34	Iwaldi 5	Julnacht 54
Honig 40	Hrund 31	Iwalt 5	**Käfer** 40
Honigtau 45	Hügelgrab 49	Iwiedie 29	Kaldgrani 34
Hönir 18	Hugin 40	**Jari** 32	Kamille 45
Horn 57	Huhn 40	Jamtaland-Zwerg 7	Kampfmagie 64
Horn (Riesin) 35	Huldar 28	Jarngerdr 28	Kannibalismus 55
Hörn 29	Hund 43	Jarnglumra 35	Kara 31
Hörn 35	Hundalfr 6	Jarnhauss 6	Karabin 34
Horn-Neb 35	Hunding 16	Jarnnef 34	Kari 6
Hornbori 32	Hvalr 6	Jarnsaxa 28	Katze 43
Hraesvelgr 6	Hvedra 35	Jarnvidja 35	Kausalität 55
Hrafnhild 35	Hvedrungr 16	Jenseits 49	Keila 34

Keiler 42	**Lachanfall** 64	Luchs 43	Miötwitnir 32
Kenningar 75	Lachen 55	Lutr 34	Mjoll 34
Kerbel 45	Lachs 44	Lyngheid 35	Modgudr 29
Kessel 57	Landgeister 36	**Magni** 19	Modgudr 31
Keule 66	Lauch 45	Malseron 34	Modi 19
Kiebitz 40	Laufey 26	Mana 35	Modrädnir 32
Kili 32	Laurin 7	Managarm 43	Modsognir 7
Kisi 34	Laus 40	Mannus 20	Mögthrasir 6
Kiste 57	Leber 63	Mardalla 27	Moin 32
Kjallandi 6	Leib 63	Marder 43	Mökkurkjalfi 6
Kjallandi 35	Leidi 34	Margerdr 35	Molda 35
Klaufi 34	Leifi 6	Margerthur 35	Mona 20
Klee 45	Leifnir 6	Mangold 45	Mond 48
Kleima 35	Leikn 35	Mantel 67	Mondul 32
Knochen 67	Leimrute 66	Mantel der Nanna 67	Moosfrau von Saalfeld 32
Knoten 64	Leiter 49	Marnar 29	Moosleute von Arntschgereute 32
Kobolde 36	Leirvör 35	Märzviole 45	
Kol der Bucklige 39	Leopard 43	Maske => Helm	
Kolfrosta 28	Lerche 40	Maus 44	Mörn 35
Kolga 35	Lidskialf 20	Meer 49	Möwe 40
Kopf 63	Liebestrank 70	Meer der Zeit 55	Mühle 66
Kormoran 40	Liebeszauber 64	Meer-Menschen 36	Mundilfari 6
Korn 45	Lif 39	Mehlbeere 45	Munin 40
Körperteile 65	Lifthrasir 39	Mehltau 45	Munnharpa 35
Köttr 34	Litr 6	Meili 9	Münze 67
Kraftgütel => Gürtel	Litr 32	Meise 40	Muspel 6
Krähe 40	Ljod 29	Menglöd 22	Muspelheim => Feuer 52
Kraka 31	Ljota 35	Menja 28	
Kranich 40	Lodin 6	Menschenopfer 64	Myrkrida 35
Kräuter 45	Lodinfingra 35	Messer 66	Myrkvid 49
Kreppvör 35	Lodur 16	Midgard 52	**Nabbi** 32
Kriegerin 62	Lofar 7	Midgardschlange 41	Nacktheit 60
Kreuzblume 45	Lofn 29	Midi 6	Nadel 55
Kreuzkraut 45	Lofnheid 35	Midjungr 34	Nägel 55
Krönung 64	Logi 34	Midwitnir 6	Naglfar 49
Kröte 44	Loki 16	Mimir 6	Nain 32
Kuckuck 40	Loni 32	Mist 31	Nali 32
Kuril 6	Lopthoena 28	Mistel 45	Namensgebung 64
Kult 55	Lori 35	Mistkäfer 40	Nanna 21
Kundalini 64	Loricus 6	Mittelpfeiler => Yggdrasil	Nauma (Hel) 35
Kwasir 20	Löwe 43		Nar 32
Kyrmir 6	Löwenmäulchen 45	Mittsommer 54	Narfi 6

Nari Loki-Sohn 19	Nyi 32	Priester 60	Ringkampf 55
Nati 6	Nyr 32	Priesterin 58	Rist 31
Naudir 36	Nyrad 32	Prolog (Edda) 77	Robbe 44
Nebel 64	**Oddrun** 31	Prophezeiung 71	Rögnir 7
Nefia 35	Odin 13/14	Pukis 36	Rose 45
Nehalennia 29	Odr 20	**Rabe** 40	Röskva 37
Neri 30	Ofoti 5	Rad 67	rot 46
Neris Schwester 30	Öflugbarda 35	Radgrid 31	rota 31
Nerthus 28	Öflugbardi 6	Radvör 35	Rotkehlchen 40
Nepr 20	Ogautan 39	Ragnar Lodenhose 39	Rücken 63
Nessel 45	Ogladnir 6	Ragnarök 55	Rud 35
Netz 67	Ogn 35	Ran 27	Rudent 6
Neuentstehung aus den Knochen 55	Ohr 63	Randalin 31	Rudi 34
	Oin 7	Randgnid 31	Runa 35
neun Heimdall-Mütter 35	Olius 32	Randgrid 31	Runen 72
	Ölwaldi 5	Rangbeinn 5	Runenkästchen von Auzon => Kiste
neun Schwestern 35	Omen 71	Rasereitrank 70	
Niblung 7	Onarr 48	Raswid 32	Runenstein 64
Niblung 39	Öndudr 6	Rätsel 76	Runenstein von Ardre 64
Nicor 34	Onn 32	Raud 34	
Nid 64	Opfer 64	Raugnir 34	Rußland-Riese 6
Nidi 32	Orakel 71	Raum 6	Rütze 35
Nidr 28	Oregano 45	Reck 32	Rygi 35
Nidud 16	Ori 32	Regenbogenbrücke 49	**Saemdill** 6
Nieswurz 45	Örnir 6		Saga 28
Niflheim => Eis 52	Ortnit 34	Regin 7	Sährimnir 42
Niping 32	Ösgrui 5	Reginleif 31	Säkarsmuli 6
Nirdir 10	Öskrudr 34	Reiher 40	Salbei 45
Niola 48	Ostara 29	Rentier 42	Salfangr 6
Njola 48	Osten 54	Riesen auf der West-Insel 6	Sam 34
Njörd 10	Otr 32		Sämingr 39
Njörun 29	Otter 44	Riesen-Baumeister 6	Sanngrid 31
Nölvi 10	Otunfaxe 39	Riesen von Feldkirchen 34	Sati 51
Norden 54	**Penis** 55		Säule => Weltenbaum 52
Nordosten 54	Perchta 28	Riesen von Lichtenberg 35	
Nordri 32	persönliches Glück 64		Saxnot 20
Nordwesten 54	Pfeil 66	Rifingalfa 35	Sceaf 20
Nori 32	Pferd 42	Rifingöflu 35	Schachtelhalm 45
Nornen 30	Pferdezwillinge 12	Rigingöflu 35	Schädelschale 63
Norr 34	Pflug 67	Rind 42	Schadenszauber 64
Norr 48	Phol 9	Rindr 20	Schaf 42
Nott 48	Polygamie 55	Ring 57	Schafgarbe 45

Schaumkraut 45	Siar 32	Skorpion 40	Sternbild 55
Schierling 45	Sichel => Sense	Skrati 34	Stigandi 5
Schild 66	sieben Schwestern 28	Skrymir 5	Storch 40
Schlafdorn 55	Siegfried 38	Skrimnir 5	Storkvid 34
Schlangen 41	Sieglind 31	Skuld 30	Stoverkr 34
Schlangenauge 63	Siegstein 67	Slagfid 39	Strahlen-Breitsame 45
Schlangengrube 49	Sif 24	Sleggja 35	Strudel 49
Schlangenzunge 63	Sigdrifa 31	Snae 34	Struthan 34
Schleifstein => Wetzstein	Sigurd 38	Snotra 29	Stumi 5
	Sigi 39	Sohn der Freya 19	stumm 63
Schmetterling 40	Sigrlami 39	Sohn des Freyr 19	Süden 54
Schmied 4	Sigrun 31	Solblindi 5	Südosten 54
Schmied 55	Sigyn 28	Sölfn 29	Sudri 32
Schnecke 44	silbern 46	Sommer 54	Südwesten 54
Schneeweiß-Goldschöne 28	Simul 31	Somr 5	Surtur 6
	Sinmara 28	Sonne 48	Suttung 6
Schuh 63	Sindri 32	Sonnengöttin 48	Svada 5
Schutzgeist => Fylgja/Hamingja	Sinthgunt 29	Sonnenhymne 64	Svadi 5
	Sivör 35	sonstige Magie 64	Svaf 7
Schutzzauber 64	Sjuld 31	Sörli 39	Svarangr 5
Schwalbe 40	Skadi 20	Spatz 40	Svasudr 6
Schwan 40	Skafid 32	Specht 40	Svatr 6
Schwanenkleider der Walküren 40	Skalden 61	Speer 66	Sveid 31
	Skaldatal 77	Sperber 40	Sveipinfalda 35
Schweden-Riese 6	Skaldenlieder 78	sprechende Tiere 41	Svidi 6
Schwein 42	Skaldinnen 61	Sprichworte 74	Svip 5
Schwert 66	Skalli 34	Spindel 55	Svipul 31
Schwitzhütte 64	Skalmöld 31	Spinnerin 55	Sivivör 31
sechsköpfiger Riese 6	Skadskaparmal 77	Spiritus familiaris 36	Swaf 20
Seehund 44	Skärir 5	Sprettingr 5	Swanhild 31
Seekuh 44	Skeggiöld 31	Stab 67	Swanwit 31
Seelenvogel 40	Skidbladnir 49	Starkad 6	Swawa 31
Seelenvogel 50	Skimsli 5	Starkad 39	Swior 32
Segen 68	Skirnir 37	Stärketrank 70	Swipdag 20
Seher 60	Skirkjar 35	Statue 57	Syn 29
Seherin 58	Skirwir 32	Stein 64	Syr 29
Seidelbast 45	Skjalf 29	Steine und Edelsteine 64	**Tafl** 57
Seidr 64	Skjalv 34		Tal 52
Sel 6	Skjellinefja 29	Steinigung 55	Tamfana 29
seltsamer dritter Bruder 55	Skjöldr 39	Stern 48	Tarn-Kappe 67
Sense 67	Skögul 31	Sternbild 48	Tarn-Umhang 67
	Sköll 43		

Tasche 60	Thrungva 29	Uri 20	- in Fuchs 65
Tätowierungen 55	Thrym 6	Utgard 52	- in Geier 65
Tattoo 60	Thulur 77	Utgardloki 6	- in Habicht 65
Tau 52	Thundr 6	Ungeheur 41	- in Hecht 65
Taufe 64	Thundr 29	Utiseta 50	- in Hirsch 65
Teer 45	Thurbiörd 35	**Vagnhöftdi** 34	- in Hund 65
Telemark-Riese 5	Tiere 44	Valbrandur 5	- in Krähe 65
Telepathie 64	Tiere der Götter 44	Vali Loki-Sohn 19	- in Lachs 65
Teller 57	Tierfelle 60	Valthögn 31	- in Löwe 65
Tempel 56	Tierfelle bei Hinrichtungen 67	Vandil 5	- in Mücke 65
Teufelsabbiß 45		Vandlir 5	- in Otter 65
Thagnar 31	Tor 49	Var 29	- in Pferd 65
Theck 32	Torfa 35	Vardrun 28	- in Rabe 65
Thialfi 37	Tote wiederbeleben 64	Vardrun 35	- in Rind 65
Thiazi 5		Vardruna 35	- in Robbe 65
Thing 73	Tragestange 67	Vasad 6	- in Schlange 65
Thiodwitnir 34	Trana 35	Vatermord 55	- in Schwalbe 65
Thistilbardi 34	Traum 71	Velle 5	- in Schwan 65
Thjodrerir 7	Traumdeutung 71	Venus 48	- in Seekuh 65
Thögn 31	Traumfrau 31	Verbene 45	- in Spinne 65
Thökk 35	Trima 31	Verdandi 30	- in Tier 65
Thor 17	Trolle 36	Vervielfältigung von Körperteilen 65	- in Vogel 65
Thora 28	Trona 35		- in Wal 65
Thorgerdr Hölgabrudr 29	Tuch 57	Vergessenheitstrank 70	- in Walroß 65
	Tuisto 20		- in Widder 65
Thorin 7	Tuisto 33	Verirren auf der Hirschjagd 55	- in Wolf 65
Thorir 6	Turm 56		- in Ziege 65
Thorn 5	Tyr 3	Verr 34	- in Ziegenbock 65
Thorstein Haus-Macht 79	Tyr-Riesen 5	Verwandlung:	Vidblindi 5
	Udr 35	- einer Frau in einen Mann 65	Viddi 34
Thrain 32	Uffe 39		Vidgreipr 34
Thrasir 6	Ulfhedinn 62	- einer Frau in eine andere Frau 65	Vidgymir 5
Thrigeitir 5	Ulfrun 35		vier Riesen-Ritter 34
Thrivaldi 5	Ullr 11	- eines Mannes in eine Frau 65	vier Stier-Riesen 34
Thröng 29	Umhang => Mantel 60		viertüriges Haus 52
Thror 7		- in Adler 65	Vifflöd 29
Thror 20	Uni 20	- in Bär 65	Vignir 34
Thror 32	Unn 35	- in Drache 65	Vikarr 6
Thorri 34	Unsichtbarkeit 64	- in Eber 65	Vilja 20
Thrud 31	Unsichtbarkeits-Stein 67	- in Falke 65	Vindr 34
Thrudgelmir 5		- in Fliege 65	Vingnir 6
Thrudr 29	Urd 30	- in Floh 65	Vingrip 34

Vipar 34
Vogel 40
Vogelsprache 64
Volkrast 7
Vör 29
Vörnir 34
Vulkan-Riese 34
Waage 64
Waberlohe 49
Wächter 49
Wafthrudnir 6
Wagen 67
Wagnhofde 6
Wal 44
Wälder =>
Weltenbaum 52
Wald-Riesin 35
Wali 19
Wali 32
Walküren 31
Walnuß 45
Walroß 44
Waltam 20
Wandteppich => Tempel
Wanen 36
Warkald 6
Warr 20
Wasser 52
We 20
Weberin 55
Wegdrasil 20
Wegerich 45
Wegetritt 45

Wegwarte 45
Weig 32
Weihung => Segen
Weinen 55
weiß 46
Weisheiten 74
Weisheitstrank 70
Weißstern 39
Weltenbaum 53
Weltesche 53
Wespe 40
Westen 54
Westri 32
Wetter 64
Wettlauf 55
Wetttrinken 55
Wetzstein 67
Wichte 36
Widar 19
Widfinnr 5
Wiedergeburt 51
Wiederholungen 55
Wiederzeugung 51
Wieland 4
Wiesel 43
Wig 32
Wigrid 55
Wili 20
Wili (Zwerg) 32
Wind (Magie) 64
Wind 52
Windalf 32
Windloni 6
Windswal 6

Winter 54
Winteranfang 54
Wirwir 32
Witr 32
Witwen-Selbstmord 51
Wolf 43
Wolfsfell 62
Wortschatz Magie 64
Wohlstandszauber 64
Wucherblume 45
Wurzel 45
Wyrd 30
Yggdrasil 53
Ymir 33
Ymis 33
Yngvi 32
Zahlen 47
Zähne 63
Zauberer 59
Zauberin 58
Zaubersprüche 68
Zeh 63
Ziegen 42
Zisa 29
Zunge 63
Zweikampf 73
zweiköpfige Riesen 34
zwei Zwerge 32
Zwerg auf dem Felsen 32
Zwergberg zu Aachen 32

Zwerge 32
Zwerge:
- im Berg 32
- im Gebirge 32
- Kuttenberg 32
- Untersberg 32
- Blankenburg 32
- Bonikau 32
- Dardesheim 32
- Eilenburg 32
- Elbogen 32
- Glaß 32
- Hohenstein 32
- Heilingsfelsen 32
- Nünberg 32
- Osenberg 32
- Plesse 32
- Rosenberg 32
- Selbitz 32
- Sion 32
Zwerg:
- Gebirge 32
- Kyffhäuser 32
- Hohenstein 32
- Dresden 32
- Hoia 32
- Lützen 32
- Ralligen 32
- Rantzau 32
- Scherfenberg 32
- Thorgau 32
Zwillinge 55